**Vorträge zu „Luther als Mensch"
in der Stiepeler Dorfkirche**
Stiepeler Lektionen I

Günter Brakelmann

Evangelische Perspektiven
Eine Schriftenreihe des Kirchenkreises Bochum
Bisher erschienen:

Heft 1:
Günter Brakelmann
Hitler und Luther 1933
1. Auflage Oktober 2008
ISBN 978-3-8370-7124-5

Heft 2:
Günter Brakelmann
Helmuth James von Moltke –
Briefe und Tagebücher aus den Gefängnissen
in Berlin und Ravensbrück 1944
1. Auflage November 2009
ISBN 978-3-8391-3233-3

Heft 3:
Günter Brakelmann,
Der Kirchenkampf in Harpen 1933–1945
mit Originalaufnahmen von 1942 auf CD
1. Auflage Januar 2011
ISBN 978-3-8423-2854-9

Heft 4:
Nachdenken über das Böse
Stiepeler Lektionen I
1. Auflage September 2012
ISBN 978-3-8482-1900-1

Heft 5:
Günter Brakelmann
Evangelische Kirche in Bochum 1933
Zustimmung und Widerstand
1. Auflage Juli 2013
ISBN 978-3-7322-4504-8

Heft 6:
Günter Brakelmann
Wilhelm Schmidt: Bochumer Pfarrer
in dramatischer Zeit
Eine biografische Dokumentation
1. Auflage September 2015
ISBN 978-3-7386-4039-7

Heft 7:
Die Illusion vom Krieg.
Der Erste Weltkrieg als kultur-
geschichtlicher Umbruch
1. Auflage September 2016

Heft 8:
Günter Brakelmann
Vorträge zu „Luther als Mensch" in der Stiepeler Dorfkirche
Stiepeler Lektionen II

Das vorliegende Heft 8 ist zu beziehen bei:

Herausgeber:
Evangelischer Kirchenkreis Bochum
Westring 26a, D-44787 Bochum
Telefon 0234-962904-0
http://www.kirchenkreis-bochum.de

In Kooperation mit der Evangelischen Stadtakademie Bochum
http://www.stadtakademie.de
office@stadtakademie.de
Redaktion: Arno Lohmann

Evangelische Kirchengemeinde Stiepel
Gemeindebüro
Brockhauser Straße 74a, 44797 Bochum-Stiepel
Telefon 0234-791337
bo-kg-stiepel@kk-ekvw.de

Vorträge zu „Luther als Mensch" in der Stiepeler Dorfkirche
Stiepeler Lektionen II

Günter Brakelmann

Verlag Books on Demand GmbH, Norderstedt

Bibliografische Information der Deutschen Bibliothek:
Die Deutsche Bibliothek verzeichnet diese Publikation in der Deutschen Nationalbibliografie; detaillierte bibliografische Daten sind im Internet unter www.dnb.de abrufbar.

1. Auflage September 2016
© beim Herausgeber
Lektorat: Sibylle Brakelmann, www.lektorat-sibra.de
Umschlag/Satz: Q3 design, Dortmund, www.Q3design.de

ISBN 9783741295669

Herstellung und Verlag:
BoD – Books on Demand
In de Tarpen 42
D-22848 Norderstedt
Telefon (+49) 0 40 - 53 43 35 - 0
Telefax (+49) 0 40 - 53 43 35 - 84
Web: www.bod.de
e-Mail: info@bod.de

Inhalt

Vorwort der Herausgeber   7
Dr. Gerald Hagmann/Arno Lohmann

Vorwort   8
Günter Brakelmann/Jürgen Stasing

I.   Jugend, Schulzeit und Studienzeit Luthers   9

II.   Wieder und auf immer in Wittenberg   25

III.   Katharina von Bora und ihre Ehe mit Luther   43

IV.   Luthers letzte Reisen nach Mansfeld und Eisleben und sein Tod   68

V.   Luthers Krankheiten und ihre Bedeutung
für seine Persönlichkeitsstruktur   86
Sabine Niedmann-Illies/Dr. Steffen Illies

VI.   Leben und Schriften Luthers   101

VII.   Weltliche und geistliche Herren in der Zeit Luthers   105

VIII.   Literaturverzeichnis (in Auswahl)   106

Anhang   109
Melanchthons Vorrede zum zweiten lateinischen Band
der Werke Luthers von 1546

Vorwort der Herausgeber

Im Jahr 2012 erschien in dieser Schriftenreihe als Heft 4 die Vortragsreihe „Nachdenken über das Böse. Stiepeler Lektionen I". Sie war hervorgegangen aus einem Vortrags- und Gesprächszyklus, zu dem die Evangelische Kirchengemeinde Stiepel seit der 1000-Jahrfeier ihrer Dorfkirche im Jahr 2008 regelmäßig einlädt. Den Impuls dazu gab Professor Günter Brakelmann, der die bisherigen Reihen konzipierte und auch moderierte.

Auch die Themenreihe „Luther als Mensch", die im vorliegenden Heft 8 der „Evangelischen Perspektiven" dokumentiert wird, wurde von ihm entwickelt und gemeinsam mit dem Kantor der Kirchengemeinde Stiepel als Sonntagsmatineen im Frühjahr 2016 in der Stiepeler Dorfkirche gehalten. Der große Zuspruch, den diese Reihe fand, macht am Vorabend des 500. Gedenkjahres der Reformation das Interesse nicht nur an reformatorischer Theologie deutlich, sondern an dem Menschen Martin Luther. Ganz zu Recht, denn reformatorische Theologie zu erfassen bedeutet notwendigerweise, den Menschen Martin Luther kennen zu lernen. Mit Luther war Theologie gleichsam in der Welt angekommen. Seine eschatologische Theologie bindet Glaube und Welt zusammen. Ehe, Sexualität, Beruf, Politik, das Leben mit Krankheit und Sterben werden aufgewertet, denn hier, in den konkreten Situationen des privaten und öffentlichen Lebens, hat sich für Luther die Wende von der mittelalterlichen Leistungs- zur evangelischen Gnadenfrömmigkeit auf der Grundlage des *sola gratia* zu erweisen.

Professor Günter Brakelmann ist zu danken, dass er in seinen zahlreichen Veröffentlichungen im Hören auf Martin Luther immer wieder die prinzipielle Welthaftigkeit von Religion betont – und mit dieser Reihe „Luther als Mensch" in der Stiepeler Dorfkirche den Reformator und seine Theologie durch die Darstellung seines Leben in besonderer Weise lebendig werden lässt. Gerne veröffentlichen wir darum diese neuen Stiepeler Lektionen II und danken Professor Günter Brakelmann für die Konzeption und Durchführung dieser Reihe, ebenso der Kirchengemeinde Stiepel mit ihrem Pfarrer Jürgen Stasing und Kantor Michael Goede für dessen musikalische Umrahmung der Vorträge.

Wir empfehlen diese neuen „Evangelischen Perspektiven" allen, die an Martin Luther wie auch an einem Leben und Handeln aus Glauben in der Welt bis heute interessiert sind.

Dr. Gerald Hagmann	Arno Lohmann
Superintendent des Evangelischen	Leiter der Evangelischen
Kirchenkreises Bochum	Stadtakademie Bochum

Vorwort

Die Kirchengemeinde Bochum-Stiepel hat es gewagt, am späten Sonntagvormittag in der Stiepeler Dorfkirche eine Vortragsreihe über Luther anzubieten. Der Kantor Michael Goede hat sie organisiert und musikalisch begleitet. Ihm sei gedankt.

Ganz bewusst haben wir uns auf den Menschen Luther und auf einige Stationen seiner Lebensgeschichte konzentriert. Die Darstellung seiner Jugend-, seiner Schul- und Studienzeit wie seiner professoralen Zeit in Wittenberg bis 1520 bilden den ersten Komplex. Um den Menschen Luther lebendig werden zu lassen, wird er bewusst viel zitiert. Denn Luther ist immer auch ein Sprachereignis. Der Leser sollte sich die Zeit nehmen, seine Zitate sehr genau zu lesen.

In seinem Leben waren seine Frau Katharina von Bora und seine Kinder von größter Bedeutsamkeit. Sie bekommen ein eigenes Kapitel. Luther als Ehemann und Vater kennenzulernen, dazu eignen sich neben seinen Briefen besonders seine Tischgespräche. Beide kommen deshalb ausführlich zu Wort. Luthers letzte Reise in seine Heimat Mansfeld und sein Tod in seiner Geburtsstadt Eisleben dürften dramatisch genannt werden können.

Krankheiten haben Luther mit zunehmendem Alter immer mehr begleitet. Welche Krankheiten er gehabt hat und welche Bedeutung sie für seine Persönlichkeitsstruktur gehabt haben – dieser selten thematisierte Komplex ist von dem Stiepeler Ärzteehepaar Sabine Niedmann-Illies und Steffen Illies sachgerecht und einfühlsam behandelt worden. Ihnen gilt ein besonderer Dank.

Alle Vorträge sind als Gemeindevorträge im Rahmen der gemeindlichen Erwachsenenbildung konzipiert. Es geht uns darum, das Wissen über Luther und die Reformation auf die Gemeindeebene zu bringen. Dabei bedienen wir uns selbstverständlich der Forschungsergebnisse der wissenschaftlichen Luther-Forschung. Hier soll in narrativer Weise ein Teil des aufregenden Lebens des Reformators lebendig werden. Das erfreuliche Interesse an unserer Luther-Reihe macht uns Mut, sie mit anderen Themen fortzusetzen.

Wir bedanken uns beim Superintendenten Dr. Gerald Hagmann und beim Leiter der Evangelischen Stadtakademie Arno Lohmann für die Aufnahme in die Schriftenreihe des Kirchenkreises Bochum „Evangelische Perspektiven".

Bochum, im Sommer 2016
Günter Brakelmann und Jürgen Stasing

I. Jugend- und Schulzeit Luthers

Luthers Herkunft

Herkunft umfasst ein Bündel von Faktoren. Zu beachten sind
- der geografische und der politische Raum,
- die ökonomisch-soziale Schicht, in der ein Mensch aufwächst,
- der Charakter der Eltern,
- der Charakter der zeitgenössischen kirchlichen Dogmatik und Ethik und die Struktur der Alltagsfrömmigkeit im Lebensumfeld sowie
- die schulische Bildung.

Alle diese Faktoren sind bedeutsam. In ihrer sich gegenseitig bedingenden und verschränkenden Gesamtheit prägen sie einen jungen Menschen, determinieren ihn aber nicht für das ganze Leben.

Die Familie des Vaters von Luther, damals Hans Luder oder Lüder genannt, stammt aus dem Dorf Möhra zwischen Salzungen und Eisenach in Thüringen. Die Familie gehörte zur Kategorie der sogenannten Erbzinsbauern, die dem Kurfürsten unmittelbar zinspflichtig waren. Man zählte nicht zu den leibeigenen Bauern, die einen Grundherrn unmittelbar über sich hatten und deren Leben von ihm bis in die Einzelheiten hinein bestimmt wurde.

Wer waren die Eltern?

Hans Luder (1459–1530) heiratete 1479 Margarethe Lindemann (1460–1531). Er ist einundzwanzig, sie neunzehn Jahre alt. Hans hatte nach sächsischem Erbrecht als ältester Sohn keine Zukunft auf dem Lande, da nur der jüngste Sohn einer Familie erbberechtigt war. Er arbeitete zunächst in der Nähe von Möhra als Häuer (Bergmann) in einem Schieferkupferbergwerk. Über seine Herkunft sagte Luther später:

„Ich bin eines Bauern Sohn, mein Vater, Großvater, Ahnherrn sind richtige Bauern gewesen." (Fausel 1, 13)

Luther spielt damit auf das bäuerliche Erbe in ihm an. Wichtig zu bedenken ist in der Tat dieses: Bäuerliche Menschen arbeiten hart und fühlen sich abhängig von der Natur. Sie denken vorrangig realistisch und pragmatisch. Sie haben einen erdgebundenen Realismus. Luther hat diese Menschen gekannt und hat selbst vieles von ihnen gehabt: das Abhängigkeitsbewusstsein von Gott als dem Schöpfer und Erhalter der Welt und das Wissen um unvorhersehbare Schicksale, seien es Naturkatastrophen, Unwetter, frühes Sterben von Eltern und Kindern oder Unfälle in der Arbeitswelt. Liest man Luther, so lernt man, was Realismus des Lebens ist. Über seinen jungen Vater sagte er: „Mein Vater ist in seiner Jugend ein armer Häuer gewesen. Die Mutter hat ihr Holz auf dem Rücken heimgetragen. So haben sie uns erzogen. Sie haben harte Mühsal ausgestanden, wie sie die Welt heute nicht mehr ertragen wollte." (Fausel 1, 12)

Diese Aussage gilt aber nur für den Anfang der väterlichen beruflichen Existenz, die sich bald entscheidend veränderte. Der Hinweis auf seine bäuerliche Herkunft sollte zeigen, dass er als späterer Reformator ein „Mann von unten" war. Er kam eben nicht wie die meiste Prominenz seiner Zeit aus dem ländlichen Adel oder aus dem städtischen Bürgertum, sondern aus der bäuerlichen Schicht, die die Mehrheit des Volkes bildete und in der Regel weder lesen noch schreiben konnte.

Im Sommer 1483 zieht das junge Ehepaar Luder mit geldlicher Unterstützung der Möhraer Familien nach Eisleben (ca. 4.000 Einwohner), um sich im aufstrebenden Schieferkupferbergbau des Mansfelder Landes ein besseres Auskommen zu erarbeiten. Der Vater war ein leistungsbereiter Zeitgenosse, dem es um seinen und seiner Familie ökonomisch-sozialen Aufstieg ging. Arbeiten war sein Lebensinhalt.

Hier in Eisleben wird am 10. November 1483 Martin Luther geboren und am 11. November im Turmraum der St. Petri-Pauli-Kirche auf den Namen des Tagesheiligen Martinus getauft. Die andere Kirche im Ort war die Andreaskirche, in der dann Luther 1546 seine letzte Predigt halten sollte. Er ist also in Eisleben geboren und gestorben. Die Grafschaft Mansfeld hat er immer für seine eigentliche Heimat gehalten.

Im Herbst 1484 zieht die Familie von Eisleben um nach Mansfeld ins Zentrum des Mansfeldischen Bergbaugebiets. Der Vater erwirbt sich mit Fleiß und harter Arbeit die Position eines Teilhabers an einer Bergwerksgesellschaft, wird Miteigentümer an Schächten und Hütten und erarbeitet sich im Auf und Ab der ökonomischen Konjunkturen bis zu seinem Tod 1530 einen kleinen Wohlstand. Er bringt es bis zum sogenannten „Hüttenmeister". Alle Töchter heirateten später Hüttenmeister, ebenso wie Luthers einziger Bruder Jakob (gest. 1570) Hüttenmeister war. (Auf den sogenannten Hütten wurde das Kupfer aus dem Schiefer herausgeschmolzen.)

Luther hat zwölf Jahre in Mansfeld gewohnt und das Milieu der Bergleute und der in der Landwirtschaft arbeitenden Menschen bestens gekannt. Auch hat er die Praktiken der Geldverleiher und der Metallhandelsbanken gekannt, die das Kapital für den Betriebsaufbau vorstreckten und das gewonnene Kupfer dann aufkauften, um es zu gerade herrschenden Marktpreisen auf den Markt zu bringen. Mit diesem Zins- und Verkaufssystem hatten die Geldverleiher die Klein- und Kleinstunternehmen fest in ihrer Hand. Luther hat diese Existenz seines Vaters mit ihrem bewegten ökonomischen Schicksal hautnah miterlebt. Dieser trug die Produktionsrisiken und war abhängig von den Preisschwankungen. Später hat Luther diese frühkapitalistische Praxis sozialethisch thematisiert („Von Kaufhandlung und Wucher").

Hier sei es schon gesagt: Luther kannte von Jugend an die Alltagsrealitäten seiner Zeitgenossen. Im Wissen um ihre ländlichen und städtischen Arbeits- und Lebensbedingungen hat er ihnen später praktische Ethik auf dem Fundament der christlichen Botschaft vermittelt. Er hat ihre Probleme in dialogischer und argumentativer Sprache reflektiert und ihnen Wegweisungen für ihren beruflichen Alltag gegeben. Er hat nie eine abstrakte Reißbrettethik verkündet, sondern hat versucht, im Gespräch mit Zeitgenossen deren Probleme und Konflikte zu reflektieren und in sie hinein ihre Gewissen mit dem Wort Gottes zu unterrichten. Die spätere Form seiner Ethik des Politischen, des Ökonomischen und des Sozialen hat mit den Erfahrungen seiner Herkunft zu tun.

Die Erziehung von Martin ist entsprechend den damaligen Sitten streng und mit körperlichen Züchtigungen verbunden. Seine Eltern waren „fromme Leute", aber nicht besonders kirchlich. Trotz der von Luther später geschilderten Konflikte mit seinem Vater und seiner Mutter bleibt das Verhältnis herzlich und von Achtung bestimmt. Er berichtet:

„Meine Eltern haben mich äußerst streng gehalten, sodass ich ganz verschüchtert war. Meine Mutter stäupet mich um einer einzigen Nuss willen bis aufs Blut. Und so haben letztlich sie selbst mich durch ihre strenge Zucht zum Kloster getrieben, wiewohl sie es herzlich gut gemeinet haben, aber ich bin nur mutlos geworden. Sie konnten zwischen den verschiedenen Kindergemütern und Strafen nicht unterscheiden, wie diese nämlich auf jene abzustimmen seien. Man muss also strafen, dass der Apfel bei der Ruten sei." (Henkys, 21)

Die besondere Autorität der Eltern hat Luther immer im Sinne des vierten Gebotes anerkannt wie er auch ihre Eheführung und ihre Lebensleistung immer mit Respekt beschrieben hat. Man muss die Arbeitsbelastungen des Vaters und die Konzentration der Mutter auf den Haushalt, auf die Gartenarbeit, auf die Viehhaltung sowie auf die Aufzucht und Erziehung der zahlreichen Kinder mit sehen, wenn man hier heute zu Urteilen kommen will. (Es hat überhaupt wenig Sinn, vergangene ökonomisch-soziale Zustände mit sozialstaatlichen Kriterien der Gegenwart zu beurteilen.)

Einen geistigen und religiösen Einfluss haben die Eltern auf ihren Sohn Martin aber kaum gehabt. Es dominierte bei ihnen die Angst vor Gott als zornigem und hartem Richter über die Sünden im Sinne moralischer Verfehlungen der Menschen. In der persönlichen Religiosität des durchschnittlichen Volkes spielte der Glaube an Christus keine tragende Rolle. Überhaupt war die Bibel für die Masse des Volkes das „unbekannte Buch".

In der Großfamilie Luther herrschte eine formal-kirchlich korrekte Frömmigkeit, der gleichzeitig immer Elemente spätmittelalterlicher abergläubischer Vorstellungen wie Hexenglaube, Zaubereien und Verzauberungen sowie Teufelsglaube in allen Lebenslagen beigemischt waren. Der Teufel trieb überall sein Unwesen, vor allem die Bergleute wurden von ihm in der Dunkelheit der Stollen irritiert. Überall witterte man Hexen, Heinzelmännchen, Wichte und Gespenster.

(Es ist nicht überraschend, dass auch für Luther zeit seines Lebens Dämonen und der Teufel alltägliche erfahrbare Realitäten waren. Gebändigt wurden sie nur durch die Kraft des Glaubens an den, der in Kreuz und Auferstehung der Sieger über den Teufel und seine Trabanten war. Der Vatikan mit seinem Papsttum blieb für ihn bis zu seinem Tod die Heimstatt des Teufels, die Schwärmer waren „des Teufels" wie auch die katholischen reformationsfeindlichen Obrigkeiten Parteigänger des Teufels waren. Kurz: Der Teufel, seine Trabanten und die Heerscharen der Dämonen waren für Luther immer in Aktion und jeweils bestimmbar.)

Und auch dies hat Luther früh erlebt: Weil Bergleute es mit den Tücken und Gefahren eines harten Berufsalltags und mit der Möglichkeit des frühen und qualvollen Sterbens zu tun hatten, neigten sie in ihrer kärglichen freien Zeit zu lauten, derben und frohen Festen. Luther:

„Die Bergleute handeln an diesem Punkte zwar nicht richtig, wenn sie aber an den übrigen Tagen fleißig arbeiten, muss man ihnen etwas zugute halten. Man muss es gleichwohl ihnen nicht sagen; sie würden sonst noch wilder. Haben sie doch gar schwere Werke zu verrichten und sehr gefährliche Arbeiten zu leisten, und man muss ihnen in dieser Hinsicht etwas nachgeben. Ich zech auch. Es soll mir's aber nicht jedermann nachtun, weil nicht alle meine Lasten tragen. Wenn also die Bergleute morgens die Predigt hören und beten, dann soll man zur Nachmittagspredigt mit Rücksicht auf ihre Strapazen und das Herkommen ein wenig Nachsicht haben." (Henkys, 135)

In diesem Zitat wird ersichtlich, dass vor und nach der Schicht gepredigt und gebetet wurde. Luther ist hier einer, der versteht, wie es Schwerarbeitenden im Angesicht des drohenden plötzlichen Todes zumute ist und wie sich dieser Zustand in der Freizeit entlädt in Verhaltensweisen, die dem öffentlichen Anstand nicht immer entsprechen. Der Realist Luther weiß, dass man hier „durch die Finger" sehen muss. Von Jugend an weiß er, dass man Menschen nicht mit höchsten moralischen Ansprüchen verdammen kann, sondern verständnisvoll auf sie zugehen muss, um ihr Verhalten zu verändern.

Zurück zu seiner Lebensgeschichte:

Am 12. März 1491 wurde Luther in die städtische Trivialschule von Eisleben geschickt, eine Lateinschule mit den drei Fächern Grammatik, Logik und Rhetorik. Gelernt wurde Latein nach einer spätantiken Grammatik des Aelius Donatus. Daneben erwarb Luther Fähigkeiten im Lesen, Schreiben, Rechnen und in der Musik. Der Unterricht war wegen der harten Methoden (Pauken und Züchtigung) für die Schüler, wie Luther bezeugt, „die Hölle":

„Die Hölle und das Fegfeuer unserer Schulen, da wir innen gemartert sind über den Casualibus (Fällen) und Temporalibus (Zeiten), da wir dennoch nichts gelernt haben durch so viel Stäupen, Zittern, Angst und Jammer."

Und:

„Es ist ein übel Ding, wenn Kinder und Schüler das Vertrauen zu Eltern und Lehrern verlieren. So gab es zum Beispiel abgeschmackte Schulmeister, die durch ihr barsches Wesen viele treffliche Anlagen verdarben."

Und:

„Es sind manche Präzeptoren so grausam wie die Henker. So wurde ich einmal vor Mittag fünfzehnmal geschlagen, ohne jede Schuld, denn ich sollte deklinieren und konjugieren und hatte es doch noch nicht gelernt." (Fausel 1, 15)

Die Schule war ein streng organisiertes Aufsichts- und Kontrollsystem, das natürlich von den Betreibern als zum Besten der Schüler interpretiert wurde. Luther hat zeit seines Lebens die Lehrer und den Schulbetrieb im Ganzen immer scharf kritisiert. Von den meisten Pädagogen hielt er so wenig wie später von den Juristen. Aber er dürfte doch mehr gelernt haben, als ihm später in der Erinnerung gegenwärtig war. Immerhin hat er trotz allem eine erste Grundausbildung erhalten, die ihm zudem auch antike Spruch- und Weisheitsliteratur vermittelt hat. Später hat er sogar die Fabeln des Äsop herausgegeben. Es ist bei ihm wie häufig: Geschundene Kinder verdrängen häufig das Richtige und Gute, das es auch gegeben hat. (Deshalb sind auch bei Luther spätere autobiografische Wertungen zu relativieren.)

Der Unterricht enthielt auch einige kirchliche und religiöse Elemente. So lernte man das Glaubensbekenntnis, das Vaterunser und liturgische Teile der Messe, ergänzt durch das Einüben von liturgischen Gesängen und Liedern für die Beteiligung an der Messe. Über seine persönliche Frömmigkeit in dieser Kinderzeit sagte Luther später:

„Ich wurde von Kindheit auf so gewöhnt, dass ich erblassen und erschrecken musste, wenn ich den Namen Christus auch nur nennen hörte: denn ich war nicht anders unterrichtet, als dass ich ihn für einen gestrengen und zornigen Richter hielt." (Fausel 1, 17) Auch hier ist wieder zu beachten, dass die Schüler von ihrer Religion nur kannten, was in den liturgisch verwendeten Texten stand. Mit biblischen Texten aus dem Alten und Neuen Testament sind sie nicht bekannt gemacht worden.

1497 wechselte Luther nach Magdeburg in die Domschule und wohnte bei den „Brüdern vom gemeinsamen Leben", einer mönchsähnlichen Gemeinschaft von Brüdern, die eine intensive persönliche Frömmigkeit pflegten. Hier begegnete Luther einer ernsthaften Frömmigkeit und Lebensweise, die er von Haus aus nicht kannte. Kennengelernt hat er in Magdeburg auch zum ersten Mal eine Großstadt mit ihren 25–30.000 Einwohnern und mit einem ausgeprägten innerstädtischen politischen, ökonomisch-sozialen, religiösen und kulturellen Leben, immer durchzogen mit Konflikten zwischen den unterschiedlichen städtischen Schichten und den religiösen Gemeinschaften. In der Schule selbst, in der nur in lateinischer Sprache unterrichtet wurde, bekommt er eine vertiefte Ausbildung in Musiktheorie und in praktischem Singen. Aber die Zeit in der damaligen Großstadt Magdeburg war nur sehr kurz.

Ab 1498 lebt Luther in Eisenach, einer Stadt mit ca. 4.000 Einwohnern. Er ist Schüler der St. Georg-Schule und hat Kontakte mit vielen in der Stadt lebenden Verwandten väterlicher- und mütterlicherseits. Durch Mitsingen in einer Kurrende hilft er seinen Lebensunterhalt bestreiten. Er lernt in den Familien Heinrich Schalbe und Kunz Cotta bürgerliche Lebensart und franziskanische Frömmigkeit kennen. Im Hause Schalbe bekommt er einen „Freitisch", die Gegengabe: die schulische Begleitung und Unterrichtung des Sohnes. Auch mit einigen Theologen in der Stadt pflegt er gesellige und dialogische Kontakte. Besondere Nähe hatte er zum Priester Johannes Braun, der eine fromme und fröhliche Geselligkeit mit Lesen, Singen und gemeinsamer Lektüre pflegte. Hier in Eisenach lernte er kennen, was er selbst später intensiv pflegen sollte: ernsthafte und heitere Gespräche am Tisch mit Familiengliedern und mit Gästen.

Hier in Eisenach lernte er auch die Vielfalt christlicher Denk- und Lebensentwürfe kennen. Es ist immer zu bedenken, dass das Spätmittelalter vor allem in den werdenden Städten schon ein differenziertes religiöses Leben mit vielen Reformansätzen gekannt hat.

Diese bürgerlich-handwerkliche und agrarwirtschaftlich bestimmte Stadt mit einer Fülle von kirchlichen und theologischen Kleingruppen hat der Schüler Luther mit größtem Interesse beobachtet und miterlebt. Man darf annehmen, dass Luther in Eisenach neue starke religiöse Impulse erfahren hat. Eisenach wurde und blieb seine Lieblingsstadt:

„In Eisenach sitzt nämlich meine ganze Verwandtschaft und ich bin daselbst bei ihr bekannt und auch heute wohl angesehen, da ich dort vier Jahre lang den Wissenschaften oblag; keine andere Stadt kennt mich besser." (Fausel 1, 18)

Im Ganzen wird man sagen dürfen, dass Luther in seiner Schulzeit die Voraussetzungen bekommen hat, ein zügiges Universitätsstudium zu beginnen. Sowohl im Elternhaus wie in den verschiedenen Schulen wurde er bestimmt vom mittelalterlichen Denken und mittelalterlicher Erziehung und Bildung. Er wuchs auf als ein durch und durch mittelalterlicher Mensch. Es kann deshalb nicht überraschen, dass auch später in seinem reformatorischen Glauben, in seinem Denken und in seinem alltäglichen Leben mittelalterliche Glaubens-, Denk- und Verhaltensstrukturen geblieben sind.

Über seine Jugend- und Schulzeit lässt sich zusammenfassend sagen:

„Der Hintergrund des jungen Martin Luther war also bereits nicht mehr bäuerlich, sondern bürgerlich-städtisch ... Neben der Formung durch die Schulbildung wirkten spätestens seit Magdeburg kräftige religiöse Einflüsse auf ihn ein. Aber insgesamt blieb das alles in einem normalen Rahmen. Mögliche außerordentliche Auswirkungen der Mitgift von Kindheit und Jugend lassen sich noch nicht erkennen ..." (Brecht 1, 32)

Man darf also die Bedeutung seiner sozialen Herkunft mit ihren ökonomisch-gesellschaftlichen Bedingungen und dem Einfluss religiöser Bewusstseinsbildung nicht überschätzen. Jedenfalls gab es nichts in seiner Kindheit und in seinen jugendlichen Jahren, was auf einen besonderen Lebensweg oder gar auf eine weltliche oder geistliche Karriere hingewiesen hätte. Luther für die kommende Zeit und seine Rolle in ihr als Theologe soziologisch, psychologisch oder gar tiefenpsychologisch aus dem Elternhaus und aus seiner Schulzeit zu erklären, dürfte problematisch sein. Und nichts deutet auf einen „Wunderknaben" hin, der auf seine Entfaltung wartet.

Studium und Eintritt ins Kloster

Im Sommer 1501 ging er, bezahlt von seinem Vater, zum Studium in die damalige Großstadt Erfurt mit ca. 20.000 Einwohnern. Sie war die sechstgrößte Stadt des Reiches und gehörte zum Erzstift Mainz, unterlag aber auch kursächsischen Einflüssen. Sie hatte seit 1392 eine angesehene Universität und ein reiches kirchliches und religiöses Leben. Es gab eine Domkirche, vier Stiftskirchen und einundzwanzig Pfarrkirchen. Es gab ein Franziskaner-, ein Dominikaner- und ein Augustinerkloster. Das öffentliche Leben wurde weithin bestimmt von religiöser Alltagskultur mit Scharen von Priestern und Mönchen und wurde beherrscht von den Normen traditioneller Moralität.

(An dieser Stelle eine wichtige Anmerkung: Befasst man sich mit der Geschichte des religiösen Lebens in spätmittelalterlichen Städten, so nimmt man Abschied von dem lange herrschenden einfachen protestantischen Geschichtsbild, das im Spätmittelalter nur eine Phase des religiösen und sittlichen Verfalls gesehen hat. Es hat neben Verfallsymptomen immer auch ein beachtliches reformkirchliches Leben und religiös-kulturelle, bildungspolitische, literarische und architektonische Leistungen gegeben. Krisen und Fortschritte standen neben- und gegeneinander.)

Zurück zu Erfurt:

Die Studenten lebten in Bursen, Luther zeitweilig in der Georgenburse. Von 4 Uhr morgens bis 8 Uhr abends war der Tag strengstens eingeteilt für Vorlesungen, Übungen und Andachten. Es gab eine strenge Hausordnung:

„Der Student Luther durfte weder ausgehen, noch essen, studieren, schlafen, wann er wollte. Er stand ... Tag und Nacht, in dem Hause und außer dem Hause immer unter dem Gesetz und immer unter der strengen Aufsicht des Rektors und der Magister der Burse sowie der Dozenten und Pedelle der Universität. Er durfte sich weiter auch nicht kleiden, wie er wollte, er musste vielmehr ständig ... eine Art von Uniform tragen, die ihm dem Auge des Gesetzes sofort kenntlich machte. Endlich konnte er auch nicht studieren, was und wie er wollte ..." (Böhmer „Der junge Luther", 37 f.)

Zunächst studierte Luther in der sogenannten Artistenfakultät, eine für alle Studenten verpflichtende Eingangsphase. Erst dann konnte man sich für das Studium der Theologie, der Rechtswissenschaft oder der Medizin entscheiden. Diese Studieneingangsphase war bestimmt von dem Studium der sogenannten „Sieben freien Künste" (Septem artes liberales). Sie umfassten:

- die Grammatik: lateinische Sprachlehre mit Anwendung auf klassische Autoren
- die Rhetorik: Rede- und Stillehre
- die Dialektik oder Logik: die Lehre von den Schlüssen und Beweisen
- die Arithmetik: zahlentheoretische Begriffe
- die Geometrie: euklidische Geometrie und Geografie
- die Musik: Musiktheorie und Tonarten
- die Astronomie: die Lehre von den Himmelskörpern

Luther studierte sehr intensiv, Neigungen zur Faulheit und zum lockeren Leben hat er nicht gekannt. Davor hat ihn zeit seines Lebens die Erziehung im Elternhaus und in der Schule bewahrt. In dieser Zeit befasste er sich vorrangig mit der Philosophie des Aristoteles, dessen Schriften zur Politik und Ökonomie wie dessen Nikomachische Ethik er durchgearbeitet hat. Natürlich alles in lateinischer Übersetzung, da er noch nicht griechisch konnte. Dazu kamen Werke anderer antiker Autoren. Die griechische Klassik hat er also als Bildungsgut gekannt wie er auch die Theologie der mittelalterlichen Scholastik von den Quellen her beherrscht hat. In Erfurt las er vor allem Wilhelm von Ockham (1285–1349).

Jeder Student verfügte über ein akademisches Grundwissen, bevor er sich dann spezialisieren konnte. So auch bei Luther. Man kann davon ausgehen – es sei noch einmal betont –, dass Luther den damaligen traditionellen, den zeitgenössischen Wissensstand und die aktuellen Kontroversen in der Philosophie und in der Theologie gekannt hat. 1502 legte er nach drei Semestern die Prüfung zum Baccalaureus ab. Erstaunlich nun dürfte sein, dass Luther als zwanzigjähriger Student zum ersten Mal in einer Erfurter Bibliothek eine vollständige Bibel in der Hand gehabt hat. Er berichtet 1538:

„Vor dreißig Jahren las niemand die Bibel, und sie war allen unbekannt. Die Propheten waren unbekannt und unverständlich. Zum Beispiel: Ich hatte, als ich zwanzig Jahre alt war, noch keine Bibel gesehen. Ich war der Ansicht, es gebe kein Evangelium bzw. keine Epistel außer den in den Sonntagspostillen geschriebenen. Endlich fand ich in der Bibliothek eine Bibel." (Fausel 1, 26)

Und in einer anderen Tischrede berichtete er:

„Als junger Mann habe ich zu Erfurt in der Universitätsbibliothek eine Bibel gesehen und einen Abschnitt aus den Samuelbüchern gelesen. Aber die Glocke rief mich zur Vorlesung. Ich war sehr darauf erpicht, das ganze Buch zu lesen. Aber damals gab es keine Gelegenheit mehr. Doch als ich ins Kloster eintrat und alles hinter mir ließ, an mir selbst verzweifelt, habe ich aufs

Neue eine Bibel verlangt. Die Brüder gaben mir eine, und ich las sie sorgfältig durch und prägte sie dem Gedächtnis ein, auch wenn sie nicht genau war. Als ich das Mönchsgelübde ablegte, nahmen sie sie mir wieder fort und gaben mir sophistische Bücher. Doch sooft ich Zeit hatte, zog ich mich in die Bibliothek zurück und nahm Zuflucht bei der Bibel. Und im Kloster habe ich gelegentlich darüber disputiert." (Henkys, 22)

Am 7. Januar 1505 wird Luther zum Magister artium graduiert, verbunden mit der Verpflichtung zur zweijährigen Lehrtätigkeit an der artistischen Fakultät. Damit beginnt er am 29. April 1505. Es wird ihm das braune Magisterbarett verliehen. Sein Vater war so stolz auf seinen Karriere machenden Sohn, dass er ihn in der Folgezeit mit „Ihr" angeredet hat. Auf den Wunsch des Vaters hin begann Luther am 20. Mai 1505 ein Studium der Rechtswissenschaften. Dieses Studium versprach nach Ansicht des Vaters die größten Aufstiegschancen in den sich modernisierenden Regierungs- und Verwaltungsapparaten des fürstlichen Frühabsolutismus. Juristen als fürstliche Staatsdiener waren gefragt. Auch hatte der Vater für den Sohn schon eine Braut auserkoren.

Aber schon im gleichen Jahr 1505 lassen sich bei Luther zweifelnde Fragen über seine Lebens- und Denkweise und über seine Zukunft nachweisen. Über Einzelheiten dieser Krise sind wir aber nur spärlich informiert. Die herrschende Philosophie und Theologie mit ihren vielen spekulativen Fragen und Konstruktionen waren ihm zu abstrakt und gaben ihm keine Antworten auf existenzielle praktische Fragen, die das gegenwärtige Leben stellte.

In Erfurt lernte Luther an der Universität auch Vertreter des aufkommenden „Humanismus" kennen, die ihn aber in seinem eigenen Selbstverständnis damals kaum berührt haben.

Stotternheim und seine Folgen

Nach einem Besuch in Mansfeld kommt Luther auf der Rückreise am 2. Juli 1505 bei Stotternheim (kurz vor Erfurt) in ein schweres Gewitter. In der Todesangst gelobt er: „Hilf du, S. Anna, ich will ein Mönch werden." Er lässt sich von diesem Gelübde trotz der Einreden von Freunden nicht abbringen und tritt am 17. Juli 1505 in das Erfurter Kloster der Augustinereremiten ein, das zu den observanten (reformierten) Klöstern des Ordens gehörte. Die mönchischen Ideale wurden hier streng befolgt.

1531 wurde in den Tischgesprächen mitgeteilt:

„Als er Mönch wurde, trennte er sich von all seinen Büchern. Kurz zuvor hatte er sich ein Corpus iuris (die Sammlung des geistlichen Rechts) und ich weiß nicht was für andere Bücher angeschafft. Diese gab er dem Buchhändler zurück. Im Kloster nahm er außer Plautus (römischer Komödiendichter) und Vergil (Buccolica u. Georgica) nichts mit. Dort gaben ihm die Mönche eine in rotes Leder gebundene Bibel. Mit ihr machte er sich so vertraut, dass er wusste, was auf jedem Blatt stand, und sofort, wenn ein Spruch angeführt wurde, auf den ersten Blick wusste, wo er stand." (Fausel 1, 31)

Diese Aussage ist nachweislich nicht übertrieben. Er beherrschte die Texte und die Inhalte der beiden Testamente.

In einem weiteren Tischgespräch wird 1539 berichtet:

„Und er begann die Geschichte zu erzählen, wie er ein Gelübde getan, als er nämlich kaum vierzehn Tage vorher unterwegs gewesen und durch einen Blitzstrahl bei Stotternheim nicht weit von Erfurt derart erschüttert worden sei, dass er im Schreck gerufen habe: Hilf du, hl. Anna, ich will ein Mönch werden! – Aber Gott hat damals mein Gelübde hebräisch verstanden: Anna, d. h. unter der Gnade, nicht unter dem Gesetz. Nachher reute mich das Gelübde und viele rieten mir ab. Ich aber beharrte dabei, und am Tage vor Alexius lud ich die besten Freunde zum Abschied ein, damit sie mich am morgigen Tag ins Kloster geleiteten. Als sie mich aber zurückhalten wollten, sprach ich: Heute seht ihr mich zum letzten Mal. Da gaben sie mir unter Tränen das letzte Geleite. Auch mein Vater war sehr zornig über das Gelübde, doch ich beharrte bei meinem Entschluss. Niemals dachte ich das Kloster zu verlassen. Ich war der Welt ganz abgestorben." (Fausel 1, 26 f.)

Luthers Eltern sind über den Bruch im Leben ihres Sohnes erbost. Der Vater redet ihn wieder mit „Du" an. Er ist überzeugt, dass das Gelübde bei Stotternheim ein Teufelswerk gewesen sei. Für den einen ist Stotternheim eine besondere Berufung, für den anderen Teufelswerk.

Im Herbst 1505 wird Luther als Novize (also mit Tonsur und schwarzer Kutte) in die Klostergemeinschaft der Augustiner aufgenommen und ein Jahr später (1506) legt er die Ordensgelübde ab: Gehorsam, Armut und Keuschheit. Der Tag im Kloster ist streng geregelt: etliche Messen und sieben Stundengebete mit den Psalmen im Mittelpunkt, dazu Lesen von Bibeltexten, Gebete, Hymnen und Heiligenlegenden, Schweigezeiten und geistliche Übungen, Fasten, Bußübungen und Beichten, Lernen der Ordensregel und der Klostersatzungen. Dazu kommen Bettelgänge in die Stadt.

Luther 1539:

„Obwohl ich durch Gewalt Mönch geworden bin gegen den Willen meines Vaters, der Mutter, Gottes und des Teufels, habe ich in meiner Mönchzeit den Papst so ehrfürchtig geehrt, dass ich allen Papisten Trotz bieten wollte, die es waren und die es sind. Denn ich habe das Gelübde getan nicht um des Bauches, sondern um meiner Seligkeit willen, und habe unsere Regeln unbeugsam streng gehalten." (Fausel 1, 30)

Erste Gewissenszweifel über das mönchische Leben und die Frömmigkeitspraxis tauchen bald auf. Sein Ordensoberer Johann von Staupitz (ca. 1468–1524) wird sein verständnisvoller Beichtvater, seelsorgerlicher Berater und Begleiter des Studiums der Theologie. Es zeichnet Luther schon in diesen Jahren aus, dass er Gesprächspartner sucht und hat. Er ist nicht der einsame homo religiosus und der autarke Denker, sondern dialogbereit und offen für Hilfe von anderen.

Im Herbst 1506 wird er nach den Regeln der klerikalen Karriere zum Subdiakon und im Frühjahr 1507 zum Diakon geweiht und im April erhält er im Erfurter Dom die Priesterweihe mit Ablegung der Profess: Gehorsam gegen Gott, gegen Maria, gegen die Vorgesetzten sowie Armut und Keuschheit. Seine erste Messe (Primiz) feiert er in Anwesenheit seines Vaters, der mit großer Begleitung und mit einem Geldgeschenk für das Kloster gekommen war. Und viele Freunde waren zugegen, als er am 2. Mai 1507 die Priesterweihe erhielt. Später sagt Luther:

„Da ich zu Erfurt meine erste Messe las, wäre ich fast gestorben. Denn es war überhaupt kein Glaube da, sondern ich war nur auf die Würdigkeit meiner Person bedacht: dass ich ja kein Sünder wäre, dass ich ja nichts vergäße." (Henkys, 2)

Und:

„Als ich in Erfurt die erste Messe feierte, und die Worte las: „Ich opfere Dir, dem lebendigen, einzigen Gott", entsetzte ich mich derart, dass ich vom Altar weglaufen wollte, und ich hätte es getan, wenn nicht mein Prior mich zurückgehalten hätte. Denn ich dachte: Wer ist der, mit dem Du redest? Von der Zeit an habe ich mit großem Entsetzen Messe gelesen und danke Gott, dass er mich daraus erlöset hat."

Erst im Sommer 1507 kann Luther mit dem eigentlichen Theologiestudium beginnen. (Zu beachten: Ein konzentriertes, methodisch betriebenes Theologiestudium begann erst nach der Priesterweihe.) Zentral war im Theologiestudium das Studium der Sentenzen des Petrus Lombardus (ca. 1100–1160), die eine Erklärung der Theologie der Kirchenväter bringen. Dazu kam die Beschäftigung mit Johannes Duns Skotus (1266-1309) und Thomas von Aquin (1225-1274).

Aber in dem Maße, wie Luther sich mit dem Lesen der Bibel beschäftigte, geht er in Distanz und schließlich in die Kritik der mittelalterlichen Theologie mit ihrer Priorität philosophisch-dogmatischer spekulativer Interessen. Für sein Bibelstudium wichtig werden das 1506 herausgekommene „Lehrbuch und Lexikon des Hebräischen" von Johannes Reuchlin (1455-1522) und andere Editionen der Humanisten. Ohne deren textliche und sprachliche Vorarbeiten wäre Luther nicht geworden, was er geworden ist. Auch dieses bleibt immer zu beachten: Auch Luthers Werden und Wirken basiert auf fundamentalen Voraussetzungen, die andere geschaffen haben. Zudem steht er in Abhängigkeiten von Zeitgenossen, die ihm vorgearbeitet und zugearbeitet haben.

Erster Aufenthalt in Wittenberg

Im Herbst 1508 wird Luther durch Johann von Staupitz ins Schwarze Kloster nach Wittenberg versetzt. Er soll die Stelle eines Lektors der Philosophie übernehmen. Gleichzeitig setzt er hier vor allem unter Anleitung von Staupitz sein Theologiestudium fort. Luthers erster Eindruck von Wittenberg:

„Die Wittenberger sind an der Grenze der Zivilisation; wären sie noch ein wenig weiter vorgerückt, so wären sie mitten in die Barbarei geraten." (Fausel 1, 37)

Im Frühjahr 1509 erwirbt er in Wittenberg den Baccalaureus ad biblia und im Herbst den Baccalaureus Sententiarius, d.h. die Vollmacht, biblische Texte und die Sentenzen des Petrus Lombardus zu interpretieren. Wichtig ist sein späteres Urteil über Lombardus 1538:

„Peter der Lombarde war ein äußerst fleißiger Mann und von ausgezeichneter Begabung. Er hat viel Hervorragendes geschrieben. Er wäre wahrlich ein großer Kirchenlehrer gewesen, wenn er sich mit voller Kraft und Wahrheit auf die Heilige Schrift verlegt hätte. Aber er verwirrt selber jenes Buch durch viele nutzlose Fragen. Gewiss waren es die besten Köpfe, aber es waren nicht die Zeiten, die wir jetzt haben. Denn die Scholastiker kamen so weit, dass sie lehrten, der Mensch sei unversehrt, nur etwas verwundet, aber doch vermöge er aus eigener Kraft ohne die Gnade das Gesetz zu halten; wer freilich die Gnade erlangt habe, könne das Gesetz leichter erfüllen als aus eigner Kraft. Derartige Ungeheuerlichkeiten lehrten sie – ohne den Fall Adams zu sehen, ohne zu sehen, dass Gottes Gesetz geistlich sei." (Fausel 1, 37)

Intensiv beschäftigt sich Luther mit dem Kirchenvater Aurelius Augustinus (354–430), den er für sich für den wichtigsten Theologen hält. Der Augustinermönch kennt und schätzt den Kirchenvater Augustinus. Er beginnt mit einer systematischen Aneignung seiner Schriften. Die Augustinuslektüre wird eine wichtige Phase in dem sich über Jahre hinziehenden Prozess der Entwicklung seiner reformatorischen Einsichten.

Kurze Zeit in Erfurt

Es folgt 1509/10 wieder ein kurzfristiger Aufenthalt in Erfurt. Hier erlebt er politische und soziale Bürgerunruhen. Die spätmittelalterlichen Städte, die sich in ökonomischen, sozialen und politischen Umbruchprozessen befanden, waren alles andere als beschauliche Idyllen.

Für diese Zeit in Erfurt wichtig ist, dass Luther durch seinen Mitbruder Johann Lang (1488–1548) in die griechische Sprache eingeführt wird. Und mithilfe des Lehrbuchs von Johannes Reuchlin eignet er sich weitere Hebräischkenntnisse an. Zu beachten ist, dass Luther relativ spät Griechisch und Hebräisch gelernt hat, beides im Privat- und Selbstunterricht. Später (seit August 1518) ist Philipp Melanchthon (1497–1560) sein großer Lehrmeister und Partner in der Übersetzung der Bibel geworden. Luthers Urteil über Erfurt in dieser Zeit (1532):

„Es hat der Stadt nicht am Gelde, sondern an Weisheit gefehlt. Denn es gibt ein Sprichwort: Stolzer Mut, heimlicher Neid, kindischer Rat, die Drei Rom und Troja zerstöret hat." (Fausel 1, 38) Luther hatte hautnah erlebt, was innerstädtische Konflikte für verheerende Wirkungen für ein städtisches Gemeinwohl bedeuten können. Zeit seines Lebens hat er eine abgrundtiefe Angst vor gewaltsamen Auseinandersetzungen gehabt.

Reise nach Rom

Von November 1510 bis März 1511 wird Luther zusammen mit einem anderen Bruder von Staupitz in Ordensangelegenheiten nach Rom geschickt. Diese Mission schlägt aber fehl. Es ging um die Versöhnung der traditionellen und der observanten Augustinerklöster und um eine Union beider, die Staupitz anstrebte. Luther besuchte in Rom intensiv die heiligen Stätten und machte seine Beobachtungen über das römische Kirchenwesen vor Ort. Die Stadt als Metropole der Renaissance hat ihn nicht interessiert. Am Anfang stand noch dieses:

„Im Jahre 1510, als ich zuerst die Stadt sah, warf ich mich zu Boden und rief: Sei gegrüßt, heiliges Rom! Ja, wahrhaftig heilig von den heiligen Märtyrern, von deren Blut es trieft."

„So ging es mir in Rom, dass ich auch so ein toller Heiliger war; da lief ich durch alle Kirchen und Katakomben und glaubte alles, was daselbst erlogen und erstunken ist. Ich habe in Rom auch wohl eine Messe oder zehn gehalten, und es tat mir fast leid, dass mein Vater und meine Mutter noch lebten, denn ich hätte sie gerne mit meinen trefflichen Messen und anderen trefflichen Werken und Gebeten mehr aus dem Fegefeuer erlöst." (Fausel 1, 38)

Seine späteren Berichte über seine Romreise mit den vernichtenden Urteilen über den moralischen und religiösen Tiefstand der römischen Verhältnisse sind von der späteren Entwicklung und von seinem späteren Blickwinkel her bestimmt und müssen entsprechend bewertet werden. So berichtete er am Tisch:

„Ich bin zu Rom gewesen nicht lange, hab daselbst viel Messen gehalten und auch viel sehe halten, dass mich grauet, wenn ich daran gedenke. Da hörte ich unter andern groben Grumpen über den Tisch der Kartusanen lachen und rühmen, wie etliche Messen hielten und über den Brot und Wein sprechen: Brot bist du, und Brot wirst du bleiben und also aufgehoben. Nun, ich war ein junger und recht frommer Mönch, dem solche Worte wehe taten. Was sollte ich doch gedenken? Was sollte mir anders einfallen, denn solche Gedanken: Redet man hier in Rom frei öffentlich über Tisch also? Wie, wenn sie allzumal Papst, Kardinal mit den Kartusanen also Messe halten, wie fein wäre ich betrogen, der ich von ihnen so viel Messe gehört hatte! Und zwar ekelt mich sehr daneben, dass sie so fein rips raps konnten Messe halten, als trieben sie ein Gaukelspiel. Denn ehe ich zum Evangelium kam, hatte mein Nebenpfaffe eine Messe ausgerichtet und schrie zu mir: passa, passa, immer weg. Komm davon!" (Julius II war damals Papst.) (Henkys, 23 f.)

„Denn so groß und schamlos sind dort Gottlosigkeit und Bosheit, dass allda weder Gott noch Menschen, weder Sünde noch Schande geachtet wird. Das bezeugen alle Frommen, die dort gewesen sind, und alle Gottlosen, die aus Italien noch schlechter zurückgekommen sind (als sie vorher waren)." (ebd., 24)

"Der Hauptzweck meiner Romreise war, dass ich wollte eine ganze Beichte (der Sünden) von Jugend auf geschehen tun und fromm werden, obwohl ich eine solche Beichte zu Erfurt schon zweimal getan hatte. (Aber) da bin ich nach Rom zu völlig ungelehrten Leuten gekommen. Ach, lieber Herrgott, was sollen die Kardinäle wissen, die mit so viel Geschäften und Regierungsangelegenheiten zugedeckt sind? Er hat (ja schon) mit uns Mühe genug, die wir doch täglich studieren und stündlich auf die Probe gestellt werden." (ebd., 24)

Luthers späteres zusammenfassendes Urteil über Rom:

"Gibt es eine Hölle, so steht Rom drauf." (Fausel 1, 40)

"Rom einstmals die heiligste Stadt, ist nun zur verdorbensten geworden. Es geht uns wie den Propheten, die ähnliche Klagen erheben: Jes. 1, 21: Die fromme Stadt ist zur Hure geworden. Denn aus dem Besten kommt (wenn es verdorben wird) immer das Schlimmste. Die Welt bleibt sich immer gleich: treulos, Satans Reich und Christi Feind." (ebd., 40)

Aber trotz dieser späteren Zeugnisse gilt für 1510/11: Luther war in Rom noch nicht der radikal-kirchenkritische und antipäpstliche Rebell. Diese Zeit sollte aber bald kommen.

II. Wieder und auf immer in Wittenberg

Wir hatten den Weg Luthers bis zu seiner Romreise verfolgt, die er von Erfurt aus angetreten hatte. Im September 1511 nun wird Luther zusammen mit seinem Mitbruder Johannes Lang wieder nach Wittenberg versetzt, das mit seinen ca. 2.000 Einwohnern ein dreckiger, hässlicher Ort am Rande des Reiches war. Dieser Ort war aber Hauptstadt von Kursachsen unter dem Kurfürsten Friedrich dem Weisen (1486–1525). In dessen Stiftskirche gab es eine große Reliquiensammlung mit rund 19.000 Stücken, verbunden mit entsprechend zu bezahlenden Ablasswerten. Friedrich baute später auch die Schlosskirche.

Luther, der bis zu seinem Tod hier hauptsächlich leben und wirken sollte, wurde bald Subprior, Studienleiter und Prediger des Wittenberger Augustinerklosters. Er bezog ein heizbares Arbeitszimmer in einem turmähnlichen Anbau des Klosters. Im Oktober 1512 legte er in einer Promotionsfeier in der Schlosskirche den Doktoreid ab. Darüber berichtete er später:

„Was für eine Pracht war die Promotion der Magister mit den Fackeln, die ihnen voran getragen wurden! Ich glaube nicht, dass dem eine weltliche Feier gleich kam. So ward auch bei der Doktorpromotion höchstes Gepränge entfaltet …"

Die Promotion gab ihm die Berechtigung, Theologie zu lehren und die Schrift auszulegen. Ihm wurden die Doktorinsignien verliehen: Bibel, Barett, goldener Ring. Nach seiner Antrittsvorlesung gab es unter seinem Promotor Andreas Bodenstein, genannt Karstadt, eine Disputation. Luthers spätere häufigste Selbstaussage wurde „geschworener Doktor der Heiligen Schrift" oder „berufener Doktor der Theologie". Über dreißig Jahre lang hat Luther dann Vorlesungen über biblische Texte gehalten. Sie machen den größten Teil seiner Veröffentlichungen aus. Partei nimmt Luther 1514 für Reuchlin, der sich im Streit mit Kölner Dominikanern gegen die Vernichtung der nicht-biblischen jüdischen Literatur gewendet hatte. Mit seinem Ordensoberen Staupitz führt er einen umfangreichen Briefwechsel. Und noch 1523 schreibt er ihm:

„Aber auch wenn wir Euch nicht mehr angenehm und wohlgefällig sind, ziemt es uns doch nicht, Euch undankbar zu vergessen, durch welchen das Licht des Evangeliums zum ersten Male aus der Finsternis empor leuchtete in unsrem Herzen. Ich habe meine ganze Sache von Doktor Staupitz; der hat mir dazu verholfen." (Fausel 1, 52)

Luther konnte dankbar sein: gegenüber den Eltern, gegenüber den Mitbrüdern, gegenüber Staupitz und anderen, auch wenn einige ihm in seiner weiteren Entwicklung nicht folgen konnten.

Durch den Rat der Stadt Wittenberg wird Luther zum Prediger der Stadtkirche berufen. 1515 wird er vom Orden für drei Jahre zum Distriktvikar über zehn Konvente der Augustiner gewählt. Dazu gehörten organisatorische und seelsorgerliche Aufgaben.

Eine Visitationsreise führte Luther in die Augustinerklöster nach Dresden, Erfurt, Neustadt, Gotha, Langensalza, Eisleben, Nordhausen und Magdeburg. Er kannte also bestens das Leben in den Klöstern mit seinen Problemen. Und er kannte durch seine Reisen die ländlichen und städtischen Lebenswelten.

Wichtig für Luther wird die Berufung von Georg Spalatin (1484–1545) in die Kanzlei des Kurfürsten, zuständig für Universitäts- und Kirchenangelegenheiten sowie Geheimsekretär und Berater des Kurfürsten. In den kommenden Jahren gibt es viele Briefe von Luther an Spalatin und umgekehrt. Luther wird ein großer Briefeschreiber. Stunden verbringt er mit dem Beantworten von Briefen und mit der Abfassung von Briefen an verschiedene Adressaten. Briefe waren das Hauptkommunikationsmittel dieser Zeit, auf ganz verschiedene Weise durch reitende Boten befördert.

Vom Sommer 1516 bis Februar 1517 hält Luther eine erste Predigtreihe über die Zehn Gebote. Predigen wird in der Folgezeit für ihn eine wichtige Aufgabe. Das Verkündigen setzt eine methodisch angeleitete Exegese des Predigttextes voraus und es stellt sich ihm die Frage, mit welchen sprachlichen Mitteln die Hörerschaft zu erreichen ist. So sehr Luther das hebräische oder griechische Original zum inhaltlichen Fundament der Predigt macht, so entwickelt er gleichzeitig die Kunst, die Hörenden in einer lebendigen deutschen Alltagssprache abzuholen, um ihnen die Botschaft verständlich und für ihr Leben bedeutsam und verpflichtend zu machen. Wie man das alles leisten kann, zeigen die rund 2.000 erhaltenen Predigten von Luther, die etwa ein Drittel seines Schrifttums ausmachen.

Was sagt Luther selbst über seine Zeit im Augustinerkloster?

„Es ist wahr, ich bin ein frommer Mönch gewesen und habe meinen Orden so streng gehalten, dass ich sagen darf: Ist je ein Mönch in den Himmel gekommen durch Möncherei, so wollte ich auch hinein gekommen sein. Das werden mir alle meine Klostergesellen, die mich gekannt haben, bezeugen. Denn ich hätte mich, wenn es noch länger gewährt hätte, zu Tode gemartert mit Wachen, Beten, Lesen und anderer Arbeit." (Fausel 1, 42)

Und ganz persönlich bekannte er 1531:
„Als Mönch habe ich nicht viel Begierde gespürt. Pollutionen hatte ich aus leiblicher Nötigung. Die Weiber schaute ich nicht einmal an, wenn sie beichteten; ich wollte nicht einmal die Gesichter derer, die ich hörte, kennen lernen." (Fausel 1, 43)
Und 1533:
„So war ich im Mönchtum ein Wollender und Laufender, aber ich kam je länger je weiter davon. Darum, was ich jetzt habe, habe ich nicht von jenem Laufen, sondern von Gott." (Fausel 1, 45)

Luther führte in den Jahren vor 1517 ein asketisches Leben als Mönch und ein produktives Leben als Professor an der Universität und als Prediger in den Gemeindekirchen. Einen Bekanntheitsgrad über seinen Orden und über die Stadt Wittenberg hinaus hatte er in dieser Zeit nicht. Luthers Haupttätigkeit in den Jahren vor 1517 waren nun Vorlesungen über den Psalter, über den Römer-, den Galater- und den Hebräerbrief.

Auch Luthers Auslegungen der alt- und neutestamentlichen Schriften hatten wie die Predigten nicht nur den Zweck, zu exegetisch richtigen Ergebnissen zu kommen, sondern zugleich waren sie ein Teil seiner eigenen Suche, auf persönliche Glaubensfragen eine Antwort zu finden. Sie fand er mit zunehmender eigener verantwortlicher Auslegung von Bibeltexten nicht mehr in mittelalterlicher Dogmatik und in päpstlichen Dekreten. Für ihn wurden die Bibel und ihre Auslegung das Zentrum seines Interesses, verbunden mit dem Ziel, die Inhalte des christlichen Glaubens durch methodisch reflektierte Schriftauslegung zu gewinnen. Die traditionelle mittelalterliche Schulphilosophie und das kirchlich-päpstliche Lehrsystem interessierten ihn bald nur noch als dunkle schrift- und wahrheitswidrige Folie. Neben einer textkritischen Auslegung der lateinischen, griechischen und hebräischen Urtexte übte er sich ein in ein meditatives Versenken in die Texte, um den Kern ihrer Aussagen in den eigenen Glaubensfundus einzubringen. Philologische Wissenschaft und das Meditieren der Inhalte der Texte mit dem Ziel eines Erkenntnisgewinns verschränken sich bei Luther zu einer dialektischen Einheit im eigenen Glauben.

Was Luther in seinen exegetisch-meditativen Arbeiten am Tisch seiner Mönchszelle in diesen Jahren vor 1517 trieb, war die Rückkehr zur urchristlichen Botschaft Jesu und seiner Apostel. Im Zuge der Auslegung des Römerbriefes, bei der er sich begleitend mit der Theologie Augustins befasste, kam er auf Römer 1, 17: „Denn darin wird die Gerechtigkeit offenbart, die vor Gott gilt. Der Gerechte wird aus Glauben leben." Was da bei ihm und mit ihm geschah, hat Luther später so beschrieben:

„Die Worte ‚gerecht' und ‚Gerechtigkeit Gottes' wirkten auf mein Gewissen wie ein Blitz: Hörte ich sie, so entsetzte ich mich: Ist Gott gerecht, so muss er strafen. Aber als ich einmal in diesem Turme und Gemache über die Worte (Röm. 1, 17): ‚Der Gerechte wird seines Glaubens leben' und ‚Gerechtigkeit Gottes' nachsann, dachte ich alsbald: Wenn wir aus dem Glauben als Gerechte leben sollen, und wenn die Gerechtigkeit Gottes jedem, der glaubt, zu Heil gereichen soll, so wird sie nicht unser Verdienst, sondern die Barmherzigkeit Gottes sein. So wurde mein Geist aufgerichtet. Denn die Gerechtigkeit Gottes besteht darin, dass wir durch Christus gerechtfertigt und erlöst werden. Nun wandelten sich jene Worte in liebliche Worte. In diesem Turm hat mir der Heilige Geist die Schrift geoffenbart." (s. Al 1, 107 ff.)

Dieser Text spiegelt die biografische Tatsache wider, dass Luther sich sieben Jahre lang bemüht hat, auf seine kritischen und suchenden Fragen unter ständigen Anfechtungen Antworten zu finden, die sich nicht einer philosophischen oder dogmatischen Spekulation verdankten, sondern ihr Fundament in bibischen Zeugnissen und in ihren kerygmatischen Inhalten haben. Es galt zu finden, was zu verkündigen war. Er interpretierte nun nicht mehr philosophisch-theologische Spitzenliteratur des Mittelalters noch kirchlich-päpstliche Lehre. Dieser Rückbezug auf die biblische Verkündigung über Gott, sein Wesen und Tun und über seinen Sohn Jesus Christus, in dem sich Gott seinen Namen gegeben hat und in dem er irdische Geschichte geworden ist – dieser fundamentale Rückgriff auf die Ursprungstexte und ihre Inhalte waren unter den traditionellen kirchlichen Bedingungen von revolutionärer Wirkung. Dieser Rückbezug brachte das überkommene System zum Wanken. Es waren nicht Kirchenpolitik oder gar säkulare Machtpolitik, die die historisch gewordene Religionspraxis in Turbulenzen brachte, sondern die harte exegetische Arbeit eines bis dahin unbekannten Mönches. Er formuliert die Christologie als Zentrum des zu lehrenden und zu verkündigenden Glaubens. Vor ihr, der Christusverkündigung, muss sich die lange kirchengeschichtliche Tradition verantworten.

Wichtig ist, dass dieser neue Zugang zur Schriftgemäßheit des christlichen Glaubens bei Luther nicht allein in seiner Studierstube entdeckt wird, sondern begleitet ist und geformt wird durch mündliche und schriftliche Kontakte mit anderen Theologen. Vor allem wichtig ist sein Dauerkontakt zu Staupitz, seinem Ordensoberen, und zu Spalatin, dem Sekretär des Kurfürsten. Die

Briefe Luthers aus der Vorzeit von 1517 bilden ein wichtiges Fundament im Nachzeichnen der prozesshaften Entwicklung der Theologie des späteren Reformators.

Eine zweite wichtige Quelle, Luther auf dem Weg zu seinen reformatorischen Hauptschriften von 1520 zu begleiten, sind seine Predigten. Der Universitätstheologe predigte ununterbrochen, so 1516/17 über die Zehn Gebote. Das „Wort Gottes", sei es in der Form der Gesetze Gottes oder in der Form des Evangeliums von und über Christus, muss gepredigt, verkündigt und auf die Hörer hin ausgelegt werden. Es soll jedem in der Gemeinde gesagt werden. Es soll Herz und Gewissen der Zuhörer treffen. Es soll ihn einladen, einen ganz persönlichen Glauben an das Ereignis Gott in Jesus Christus zu entwickeln und zu vertiefen und sich als Christ mit seinem Glauben in der realen zeitgenössischen Welt zu bewähren.

Die zentrale Aussage ist: Wer an das Ereignis Gott in Jesus Christus glaubt, wird in seinem Glauben und mit diesem Glauben vor Gott gerecht. Gott zielt mit seinem Wort auf die Annahme dieses Wortes im Herzen und im Gewissen des Menschen. Im Glauben an den Mensch gewordenen Christus kann der Mensch vor Gott bestehen, nicht durch eigene religiöse Leistungen, durch die der Mensch gottgefällig sein will.

Noch einmal: Zentral für den Christen ist der Glaube an Christus, an sein Wort und Werk. Das lässt ihn von Gott angenommen sein, das rechtfertigt ihn vor ihm.

Hier ist wieder ein Grundsatzwandel im Selbstverständnis des Einzelnen als unverwechselbarer Person eingetreten: Es interessiert nicht mehr der homo religiosus, der sich in einer kollektiven Religiosität, die festgelegt ist auf kirchliche Dogmatik und die gehorsame Befolgung kirchenrechtlicher Ansprüche und kanonische Sittenkodizes zu verwirklichen sucht, sondern hier wird der einzelne Mensch als für sich selbst verantwortliche Person durch das Hören auf das Wort Gottes und durch seine Annahme des Angebots, sich nun von Christus her zu verstehen, in die Freiheit seiner Selbstverantwortung gerufen. Zentraler Adressat der Verkündigung wird der einzelne Mensch als entscheidungsfähige Person, sich von dem Heil in Christus bewusstseinsmäßig und lebensmäßig bestimmen zu lassen. Auf den Ruf Christi in seine Nachfolge hat er zu antworten, nicht sich kirchlicher Bevormundung zu unterwerfen.

Appelliert wird nicht mehr an eine natürliche Leistungsfähigkeit des Menschen, der sich durch Werke vor Gott die Gnade verdienen will, sondern verkündigt wird, dass Gott der barmherzige Gott ist, der dem seine Gnade schenkt, der an das Wort und Werk Christi glaubt, d.h., der in ihm den Grund und Halt seines Lebens erkennt. Das wiederum bringt eine für Luther fundamentale Einsicht im Blick auf den Menschen: Der Mensch, so wie er ist, ist von sich her nicht in der Lage, das Gute zu tun.

Anlässlich einer Disputation am 4. September 1517 verfasste er 97 Thesen „Gegen die Scholastische Theologie". Sie dürften eine Zusammenfassung seiner damaligen Theologie sein. Einige Thesen seien zitiert:

„4. Es ist deshalb die Wahrheit, dass der Mensch, der ein „fauler Baum" (vgl. Matth. 7, 18) ist, nur das Böse wollen und tun kann.

5. Es ist falsch, dass das freie Streben nach entgegen gesetzten Seiten hin etwas vermag; ja, er ist gar nicht frei, sondern gefangen. (Gegen die allgemeine Meinung).

6. Es ist falsch, dass sich der Wille von Natur aus nach der richtigen Vorschrift der Vernunft richten könne. (Gegen Duns Skotus und Gabriel Biel).

7. Sondern ohne die Gnade Gottes begeht er notwendig eine Handelung, die damit nicht überein stimmt und böse ist. ...

9. Er ist jedoch von Natur und unausweichlich böse und von verderbter Beschaffenheit.

10. Es wird zugestanden, dass der Wille nicht frei ist, sich alledem zuzuwenden, was ihm nach der Vernunft als gut vorschwebt. (Gegen Duns Skotus und Gabriel Biel) ...

17. Der Mensch kann von Natur aus nicht wollen, dass Gott Gott ist; er möchte vielmehr, dass er Gott und Gott nicht Gott ist. ...

39. Wir sind nicht Herren unserer Handlungen vom Anfang bis zum Ende, sondern Knechte (Gegen die Philosophen).

40. Wir werden nicht dadurch gerecht, dass wir gerechte Handlungen vollbringen, sondern nachdem wir gerecht worden sind, vollbringen wir gerechte Handlungen (Gegen die Philosophen). ...

68. Deshalb ist es unmöglich, das Gesetz in irgendeiner Weise ohne die Gnade Gottes zu erfüllen. ...

76. Jedes Werk des Gesetzes ohne die Gnade Gottes erscheint äußerlich als gut, innerlich aber ist es Sünde (Gegen die Scholastiker). ...

95. Gott lieben heißt, sich selbst hassen und außer Gott nichts wissen.

96. Wir sind gehalten, unser Wollen ganz dem Willen Gottes gleichförmig zu machen (Gegen Pierre d'Ailly)." (Al 1, 355 ff.)

Diese Thesen von September 1517 (also vor den 95 Thesen im Oktober) sind für Luthers Denken über den Menschen, also für seine Anthropologie, ganz entscheidend. Sein zu wollen wie Gott, sich selbst sein eigener Gott zu sein, selbst zu bestimmen, was gut und böse ist, und sich selbst dadurch als Mensch zu gewinnen, also seine Menschwerdung in eigener Leistung zu schaffen – genau das macht die Sünde aus. Diese ist nicht ein moralisches Defizit, sondern Folge und Ausdruck einer radikalen Verweigerung, sich sagen zu lassen, was gut und böse ist, was verantwortliches Denken und Handeln in Bindung an Gottes Gebote und im Hören und Annehmen des Evangeliums sind. Der sich selbst wollende, der sich selbst ausagierende Mensch, der sich selbst bestimmende und selbst verwirklichen wollende Mensch, genau der wird in der Praxis seines Lebens der Feind Gottes, sein Widersacher, sein Gegenspieler. Das alles bedeutet, dass der Konzentration der Theologie auf die Christologie eine illusionslose Sicht des realen Menschen entspricht. Von ihm kann nicht das Heil kommen, weder für sich selbst noch für seine Welt. Er produziert permanent Unheil.

Luthers Gegner haben richtig erkannt, dass sich hier eine Theologie, eine Anthropologie und Ethik entwickelten, die ins Herz der mittelalterlichen Philosophie und Theologie trafen. Reaktionen der päpstlichen Theologen mussten erfolgen.

Was nun historisch-biografisch bei Luther zu sehen ist, ist dieses: Die entscheidenden Grundzüge einer anderen Theologie waren bei Luther schon vorhanden, als er öffentlich in den sogenannten Ablassstreit eintrat. Er selbst hatte für sich schon längst den Themenwechsel vollzogen. Und von seinen gewonnenen Positionen aus nahm er nun Stellung zu der Praxis und ihrer Begründung des Ablasses durch die Ablassprediger.

Papst Leo X (1513–1521) hatte den schon länger existierenden Ablasshandel forciert, um seinen römi-schen Finanzbedarf zu decken. Zum Bau der Peterskirche gab er im März 1515 einen „Petersablass" heraus. Für Deutschland setzte er Johann Tetzel (ca. 1460–1519) ein, der die Hälfte der Erträge nach Rom schickte und sich die andere Hälfte mit dem Erzbischof und Kurfürst Albrecht von Mainz (1490–1545) teilte, der mit dem Geld seine Schulden beim Fugger von Augsburg bezahlte. Albrecht war deshalb bei den Fuggern verschuldet, weil er als brandenburgischer Prinz für seine Berufung auf den Mainzer Erzstuhl 44.000 Gulden an den Papst bezahlen musste. Der päpstliche, im Geist des frühen Handelskapitalismus betriebene Ablasshandel war ein Teil des römischen Finanzsystems. Die Verquickung des Religionsbetriebes mit finanzpolitischen Interessen war für die Zeitgenossen überdeutlich. Friedrich der Weise, Luthers Kurfürst, hatte die Tätigkeit Tetzels verboten, aber nicht aus grundsätzlichen Bedenken, sondern um seine eigenen Einnahmen aus dem Wittenberger Reliquiengeschäft nicht reduzieren zu lassen. Luther hat als Seelsorger im Beichtstuhl von den Folgen der Tätigkeit Tetzels erfahren. Später hat er berichtet:

„Es geschah im Jahr 1517, dass ein Predigermönch namens Johann Tetzel, ein großer Schreier, von sich reden machte. Herzog Friedrich hatte ihn früher einmal in Innsbruck vom Sack erlöst, denn Maximilian hatte ihn zum Ersäuftwerden im Inn verurteilt – vermutlich um seiner großen Tugend willen. Herzog Friedrich ließ ihn daran erinnern, als er uns Wittenberger so zu lästern anfing; er gab es auch offen zu. Derselbe Tetzel ging nun mit dem Ablass hausieren und verkaufte Gnade ums Geld aus Leibeskräften, so teuer oder so wohlfeil er konnte. Zu der Zeit war ich hier im Kloster Prediger und ein neu gebackener Doktor, von heißer Liebe zur Heiligen Schrift erfüllt.

Als nun viel Volks von Wittenberg dem Ablass nachlief nach Jüterbog und Zerbst usw., ich aber – so gewiss mich mein Herr Christus erlöst hat – nicht wusste, was der Ablass war (wie es auch sonst kein Mensch wusste), fing ich vorsichtig an zu predigen, man könne wohl etwas Besseres tun, das gewisser sei als Ablasslösen. Schon früher hatte ich hier auf dem Schloss gegen den Ablass gepredigt, aber bei Herzog Friedrich keine Gnade verdient; denn er hatte sein Stift auch sehr lieb. Nun – um zur rechten Ursache des „lutherischen Lärms" zu kommen – ließ ich zunächst alles so gehen, wie es ging. Indes wird mir berichtet, Tetzel habe gräuliche, schreckliche Artikel gepredigt, von denen ich diesmal einige nennen will:

Er hätte solche Gnade und Gewalt vom Papst, dass er es vergeben könnte, wenn einer gleich die heilige Jungfrau Maria, Gottes Mutter, geschwächt oder geschwängert hätte, wenn derselbe nur in den Kasten lege, was sich gebührt.

Weiter: Das rote Ablasskreuz mit dem Wappen des Papstes, das in den Kirchen aufgerichtet werde, sei ebenso kräftig wie das Kreuz Christi.

Ferner: Wenn St. Peter jetzt hier wäre, hätte er keine größere Gnade oder Gewalt, als er habe.

Ferner: Er wolle im Himmel mit St. Peter nicht tauschen, denn er hätte mit seinem Ablass mehr Seelen erlöst als St. Peter mit seinem Predigen.

Ferner: Wenn einer Geld für eine Seele im Fegfeuer in den Kasten lege, so führe die Seele aus dem Fegfeuer in den Himmel, sobald der Pfennig auf den Boden fiele und klänge.

Ferner: Die Ablassgnade sei eben die Gnade, durch welche der Mensch mit Gott versöhnt werde.

Ferner: Es sei nicht nötig, Reue, Leid oder Buße für die Sünden zu tun, wenn einer den Ablass oder die Ablassbriefe kaufte (eigentlich sollte ich sagen: gewönne). Er verkaufte auch Ablass für künftige Sünden. Derlei Dinge trieb er gräulich viel; es war ihm dabei nur ums Geld zu tun.

Ich wusste aber zu jener Zeit noch nicht, für wen dies Geld bestimmt war. Da kam ein Büchlein heraus, gar herrlich unter dem Wappen des Bischofs von Magdeburg, in dem einige dieser Artikel den Ablasskrämern zu predigen aufgetragen wurden. Da kam's an den Tag, dass Bischof Albrecht diesen Tetzel gedungen hatte, weil er ein so großer Schreier war ..." (Fausel 1, 84 ff.)

Luther sah sich nun veranlasst, das Problem des Ablasses theologisch anzugehen. Dass hier Geld- und Profitinteressen im Hintergrund standen, hat ihn aber nicht zur Abfassung seiner 95 Thesen gebracht, sondern in erster Linie setzt er sich mit der Ablasstheologie auseinander, die schon eine lange Geschichte hinter sich hatte. Zunächst vertiefte er sich in diese Geschichte, um dann seine 95 Disputationsthesen zu formulieren. Ihm kam dabei zunächst nicht in den Sinn, mit diesen Thesen die päpstliche Autorität infrage zu stellen, sondern sie sollten der akademischen und innerkirchlichen Wahrheitsfindung dienen. Er wollte keinen Frontalangriff auf die Institution des Papsttums führen. Seine lateini-schen Thesen, die nicht für das Volk bestimmt waren, sollten für Kundige und für die Bildungswelt seiner Zeit die Problematik der Gerechtigkeit Gottes, des Wesens der Buße und der Gnade Gottes thematisieren. Und gleichzeitig ging es um das Recht und die Grenze des päpstlichen Bußverständnisses und seiner Praxis.

Am 31. Oktober 1517 schreibt er nach gewissenhafter Prüfung seiner theologischen und seelsorgerlichen Positionen einen Brief an den Erzbischof Albrecht von Mainz und an den brandenburgischen Bischof Hieronymus Schultze:

„Gottes Gnade und Barmherzigkeit, und was ich vermag und bin. Hochwürdigster Vater in Christus, durchlauchtigster Kurfürst wollen meiner verschonen, dass ich, der Geringsten einer, so sehr vermessen bin und es gewagt habe, einen Brief an Eure über die Maßen erhabene Hoheit überhaupt in Erwägung zu ziehen. Der Herr Jesus ist mein Zeuge, dass ich im Bewusstsein meiner Niedrigkeit und Unansehnlichkeit lange Zeit aufgeschoben habe, was ich jetzt unverschämter Weise vollbringe. Dazu hat mich vornehmlich meine Treuepflicht bewogen, die ich dem hochwürdigsten Vater in Christus zu leisten mich schuldig erkenne. Eure Hoheit wolle daher so gnädig sein, ein Auge auf mich, der ich Staub bin, zu richten und meine Bitte nach Ihrer und der bischöflichen Milde gnädig entgegen zu nehmen.

Es wird im Land der päpstliche Ablass unter dem Namen E. K. F. Gnaden zum Bau der Peterskirche (zu Rom) ringsum angeboten. Dabei klage ich nicht so sehr das große Geschrei der Ablassprediger an, das ich nicht gehört habe, als dass ich vielmehr das überaus falsche Verständnis beklage, welches das Volk daraus erlangt und das sie dem einfachen Volke allenthalben hoch anpreisen. Die unseligen Leute meinen nämlich, wenn sie Ablassbriefe lösen, seien sie ihrer Seligkeit gewiss, ebenso dass die Seelen ohne Verzug aus dem Fegefeuer fahren, sobald sie ihre Zahlung in den Kasten legen. Weiter: Die Gnadenwirkungen dieses Ablasses seien so kräftig, dass keine Sünde zu groß sein kann; sie sagen, wenn einer – wenn's möglich wäre – die Mutter Gottes geschwächt hätte, das könnte vergeben werden. Ebenso dass der Mensch durch diesen Ablass frei und los werde von aller Strafe und Schuld.

Ach lieber Gott, so werden die Seelen unter Eurer Obhut, teuerster Vater, zum Tode unterwiesen, strenge und immer größer werdende Rechenschaft wird von Euch für alle diese Seelen gefordert werden. Deshalb habe ich darüber nicht länger schweigen können. Denn der Mensch wird seiner Seligkeit nicht durch das Bischofsamt oder -werk, auch nicht einmal durch Gottes eingegossene Gnade versichert, sondern es befiehlt uns der Apostel (Phil. 2, 12), allezeit mit Furcht und Zittern zu schaffen, dass wir selig werden. Auch der Gerechte wird kaum errettet werden (1. Petr. 4, 18). Endlich ist der Weg, der zum Leben führt, so schmal, dass der Herr durch die Propheten Amos und Sacharja die, die gerettet werden sollen, einen Brand nennt, der aus dem Feuer gerissen wird. Und immer wieder verkündigt der Herr, wie schwer es sei, selig zu werden. Wie machen sie denn durch jene falschen Fabeln und Verheißungen vom Ablass das Volk sicher und ohne Furcht, da doch der Ablass den Seelen nicht zur Seligkeit und Heiligkeit verhilft, sondern nur die äußerliche Strafe wegnimmt, die man ehemals nach den Kanones aufzuerlegen pflegte?

So sind auch die Werke der Frömmigkeit und Nächstenliebe unendlich viel besser als der Ablass. Und doch werden diese weder mit großer Pracht noch mit so großem Eifer gepredigt. Ja, sie müssen schweigen, damit der Ablass gepredigt werden kann, während doch das aller Bischöfe vornehmlichstes und einziges Amt sein sollte, dass das Volk das Evangelium und die Liebe Christi lerne. Denn nirgendwo hat Christus befohlen, den Ablass zu predigen. Aber das Evangelium zu predigen hat er nachdrücklich befohlen. Wie groß ist daher der Gräuel, wie groß die Gefahr für einen Bischof, der – während das

Evangelium verstummt – nichts anderes als das Ablassgeschrei unter sein Volk zu bringen gestattet und sich um dieses mehr als um das Evangelium kümmert! Wird nicht Christus zu ihnen sagen (Matth. 23, 24): Die ihr Mücken seihet und Kamele verschluckt?

Hinzu kommt, hochwürdigster Vater in dem Herrn, dass in der Instruktion der Kommissarien, die unter Eurem Namen, hochwürdigster Vater, ausgegangen ist, angezeigt wird (ohne Zweifel, hochwürdigster Vater, ohne Euer Wissen und Willen), dass der vornehmsten Gnaden eine diese unschätzbare Gabe Gottes sei, wodurch der Mensch mit Gott versöhnt und alle Strafen des Fegfeuers ausgetilgt werden. Desgleichen, dass die Reue bei denen nicht nötig sei, die Seelen- oder Beichtbriefe lösen.

Aber was kann ich anderes tun, hochwürdigster Bischof und durchlauchtigster Kurfürst, als dass ich Ew. Hochwürden durch den Herrn Jesus Christus bitte, doch ein Auge väterlicher Sorge auf diese Sache haben zu wollen und die Ablassinstruktion ganz aufzuheben, auch den Ablasspredigern eine andere Predigtweise zu befehlen, damit nicht vielleicht doch einer auftrete, der durch die von ihm verfassten Bücher sowohl sie als auch jenes Buch (die Ablassinstruktion) widerlege, zur höchsten Schmach Eurer durchlauchtigsten Hoheit. Dass das geschehe, verabscheue ich ganz außerordentlich, wie ich es dennoch für die Zukunft fürchte, wenn nicht eilende Abhilfe geschaffen wird. Diesen treuen Dienst meiner Wenigkeit wollen Eure durchlauchtigste Gnade geruhen, auf fürstliche und bischöfliche Art, d. h. gnädigst anzunehmen, wie ich ihn mit ganz treuem und Ew. Hochwürden ganz und gar ergebenem Herzen erweise. Denn auch ich bin ein Teil Eurer Herde. Der Herr Jesus behüte und bewahre Ew. Hochwürden in Ewigkeit. Amen. Wittenberg 1517, am Abend vor Allerheiligen. Wenn es Ew. Hochwürden gefällt, können diese meine Disputationen angesehen werden, auf dass deutlich werde, eine wie zweifelhafte Sache die Lehre vom Ablass sei, die jene als absolut sicher verbreiten.

(E. K. F. G.) unwürdiger Sohn Martinus Luther, Augustiner, berufener Doktor der heiligen Gottesgelehrtheit." (Al 10, 26 ff.)

Dieser Brief zeigt eindeutig, dass Luther zu dieser Zeit keineswegs eine Trennung von der römisch-katholischen Kirche mit ihrem Papst als Oberhaupt gewollt hat. Er will einen Missbrauch des Instrumentes Ablass bekämpfen, nicht steht er frontal gegen den Gedanken und die Praxis des Ablasses. Und er ruft die Bischöfe auf, ihre Verantwortung als Amtsträger wahrzunehmen. Er selbst versteht also seine Thesen nicht als vernichtende Anklage oder gar als Aufkündigung seines Gehorsams gegenüber seinen bischöflichen Oberherren. Diesen Brief und die angehängten Thesen als Beginn der Reformation zu bezeichnen, dürfte historisch-kritisch problematisch sein. Sie sind der Anfang der sich bald verschärfenden Auseinandersetzung in den Jahren 1518–1520. In diesen Jahren wird Luther in einem längeren Entwicklungsprozess der Reformator. Zunächst wollte er nur eine offene Diskussion unter den lateinisch sprechenden theologischen Experten über den Gesamtkomplex Ablass.

Deshalb ließ er zunächst einen Plakatdruck der Thesen anfertigen und verschickte sie an einige ihm Bekannte. Seine Thesen wurden aber schnell in und außerhalb von Wittenberg nachgedruckt und bald in verschiedenen deutschen Übersetzungen angeboten. Sie wurden ohne sein Zutun ein öffentliches Ereignis. Die von Luther vorgesehene Begrenzung auf die akademische Welt wurde sehr schnell aufgehoben und es entwickelte sich eine große Diskussion über die geistigen und kulturellen Grundlagen der Epoche. Luther wurde in Windeseile ein bekannter Mönch in der Nation und in der Christenheit.

Um Luthers Reaktion auf Tetzel richtig zu verstehen, ist auch zu fragen, wie Luther selbst seine Entwicklung gesehen hat. In einem berühmt gewordenen Rechenschaftsbericht als Vorrede zu Band I der lateinischen Werke von 1545 hat er seinen Werdegang beschrieben:

„Inzwischen war ich in diesem Jahr (1519) zum Psalter zurückgekehrt, um ihn von neuem auszulegen, im Vertrauen darauf, dass ich geübter sei, nachdem ich St. Pauli Brief an die Römer und Galater und den an die Hebräer in Vorlesungen behandelt hatte. Ich war von einer wundersamen Leidenschaft gepackt worden, Paulus in seinem Römerbrief kennen zu lernen, aber bis dahin hatte mir nicht die Kälte meines Herzens, sondern ein einziges Wort im Wege gestanden, das im ersten Kapitel steht: „Die Gerechtigkeit Gottes wird in ihm (d. h. im Evangelium) offenbart" (Röm. 1, 17). Ich hasste nämlich dieses Wort ‚Gerechtigkeit Gottes', das ich nach dem allgemeinen Wortgebrauch aller Doktoren philosophisch als die so genannte formale oder aktive Gerechtigkeit zu verstehen gelernt hatte, mit der Gott gerecht ist, nach der er Sünder und Ungerechte straft.

Ich aber, der ich trotz meines untadeligen Lebens als Mönch mich vor Gott als Sünder mit durch und durch unruhigem Gewissen fühlte und auch nicht darauf vertrauen konnte, ich sei durch meine Genugtuung mit Gott versöhnt, ich liebte nicht, ja, ich hasste diesen gerechten Gott, der Sünder straft; wenn nicht mit ausgesprochener Blasphemie, so doch gewiss mit einem ungeheuren Murren war ich empört gegen Gott und sagte: „Soll es noch nicht genug sein, dass die elenden Sünder, die ewig durch die Erbsünde Verlorenen, durch den Dekalog mit allerhand Unheil bedrückt sind? Muss denn Gott durch das Evangelium den Schmerzen noch Schmerzen hinzufügen und uns durch das Evangelium zusätzlich seine Gerechtigkeit und seinen Zorn androhen? So raste ich in meinem wütenden, durch und durch verwirrten Gewissen und klopfte rücksichtslos bei Paulus an dieser Stelle an, mit heißestem Durst zu wissen, was Sanct Paulus damit sagen will. Endlich achtete ich Tag und Nacht während Nachsinnen durch Gottes Erbarmen auf die Verbindung der Worte, nämlich: „Die Gerechtigkeit Gottes wird in ihm offenbart", wie geschrieben steht: „Der Gerechte lebt aus dem Glauben" (Hab. 2, 4). Da habe ich angefangen, die Gerechtigkeit Gottes als die zu begreifen, durch die der Gerechte als durch Gottes Geschenk lebt, nämlich aus Glauben; ich begriff, dass dies der Sinn ist: Offenbart wird durch das Evangelium die Gerechtigkeit Gottes, nämlich die passive, durch die uns Gott, der Barmherzige, durch den Glauben rechtfertigt, wie geschrieben steht: „Der Gerechte lebt aus dem Glauben."

Nun fühlte ich mich ganz und gar neugeboren und durch offene Pforten in das Paradies selbst eingetreten. Da zeigte sich mir sogleich die ganze Schrift von einer anderen Seite. Von daher durchlief ich die Schrift, wie ich sie im Gedächtnis hatte, und las auch in anderen Ausdrücken die gleiche Struktur, wie: ‚das Werk Gottes', d. h., was Gott in uns wirkt, ‚die Kraft Gottes', mit der er uns kräftig macht, ‚die Weisheit Gottes', mit der er uns weise macht, ‚die Stärke Gottes', das ‚Heil Gottes', ‚die Herrlichkeit Gottes'.

Nun, mit wie viel Hass ich früher das Wort ‚Gerechtigkeit Gottes' gehasst hatte, mit umso größerer Liebe pries ich dieses Wort als das für mich süßeste; so sehr war mir dieses Paulusstelle wirklich die Pforte zum Paradies. Später las ich Augustins ‚De spiritu et littera', wobei ich unverhoffter Weise darauf stieß, dass auch er die Gerechtigkeit Gottes ähnlich interpretiert: als die Gerechtigkeit, mit der uns Gott bekleidet, indem er uns rechtfertigt. Und obwohl dies noch unvollkommen gesagt ist und Augustin von der Anrechnung nicht alles klar expliziert, gefiel es mir doch, dass die Gerechtigkeit Gottes gelehrt wird, mit der wir gerechtfertigt werden." (WA 54)

Das war nun das genaue Gegenteil von dem, was Tetzel verkündigte. Luther hatte sich nach Tetzels erstem Auftreten mit dem theologischen und kirchlichen Ablasswesen intensiv beschäftigt. Neben Predigten über den Ablass schrieb er im Frühjahr 1517 die Schrift „Die sieben Bußpsalmen mit deutscher Auslegung nach dem schriftlichen Sinne". Auf dem Hintergrund seiner jahrelangen biblischen Studien, seiner historisch-kritischen Auseinandersetzzung mit der mittelalterlichen Theologie und mit der Geschichte des päpstlichen Ablasswesens formulierte Luther nun seine 95 Thesen. (Fausel, 89 ff.)

Wir zitieren nur die erste als die alle übrigen Thesen tragende Hauptthese: „Wenn unser Herr und Meister Jesus Christus sagt: ‚Tut Buße' usw., so will er, dass das ganze Leben seiner Gläubigen auf Erden eine stete Buße sein soll." Versuchen wir den Sinn und Geist der Thesen zu erfassen, so kann die Zusammenfassung eines Herausgebers der Thesen hilfreich sein:

„Die Veröffentlichung der 95 Thesen durch Luther bedeutet den Ruf zur Aufrichtung der Herrschaft Jesu Christi in der Kirche. Luther hebt die Teilung der Gewalten zwischen Gott und Mensch auf. Christus ist allein, ganz und in jeder Beziehung der Herr der Kirche. Christi Ruf zur Buße umfasst unser ganzes Leben bis zum letzten Augenblick; er lässt sich nicht mit einer Teilbuße abspeisen; wer ihn liebt und ihm gehorcht, kann vor Buße und Strafe nicht fliehen, sondern zeigt seinen Gehorsam, indem er Buße tut und die Strafe trägt. Christus allein hat die Gewalt über die Toten, die Schlüssel der Hölle und des Todes sind in seiner Gewalt; die Macht der Papisten reicht über die Todesgrenzen nicht hinaus, und seine Vergebungsgewalt erstreckt sich nicht auf die armen Seelen. Der Papst hat die Schlüsselgewalt auf Erden; für die armen Seelen kann er Fürbitte tun, nicht mehr. Christus allein hat das Heil für uns in seinen Händen, und er allein schenkt völlige Vergebung der Sünden. In ihm ruht die Gewissheit unsres Heils, die Menschensatzung der Ablässe kann diese Gewissheit nicht geben; Teilnahme an den geistlichen Gütern der Kirche hat der gläubige Christ auch ohne den Ablass. Christus verlangt unsere ganze Liebe, und dieses sein Gebot will gehalten sein vor allen anderen Geboten und Vorschriften der Menschen; wer Liebe übt, wächst in der Liebe, wer sich von der Liebespflicht durch den Ablass, d. h. durch Geld, loskauft, flieht das Gebot Christi und verdient sich den Zorn Gottes.

Christus ist der Herr der Kirche, die sein Evangelium zu verkünden hat. Darum muss in der Kirche vor allem andern das Wort Gottes gepredigt werden. Unmöglich kann um der Ablasspredigt willen die Predigt des Wortes eingestellt werden; denn ohne Messe, ohne Ablasspredigt kann der Mensch leben, nicht aber ohne das Wort. Gibt es einen Schatz der Kirche, so ist dies das Evangelium, das den Angefochtenen tröstet, den Gebundenen freimacht, den Geängstigten und Verzweifelten von der Todes- und Höllenfurcht erlöst. Die Kirche ist nicht das Bankhaus, der Gläubige nicht der Rentner, der von dem auf Zins gelegten Schatz der überschüssigen Verdienste in falscher Sicher-heit und doch ohne Gewissheit lebt, sondern die Kirche ist der Ort, da dieses Evangelium verkündigt wird, das die falsche Sicherheit vernichtet und die rechte Gewissheit gibt. Darum haben die Verantwortlichen in der Kirche, die Bischöfe, das Amt, über die Verkündigung zu wachen und die Lästerungen der Ablassprediger nicht zu schützen, sondern zu verhindern; sie werden einmal dafür Rechenschaft ablegen müssen, wenn sie dulden, dass das Volk durch falsche Predigt verführt wird. Darum sollen sie die Stimme der Gemeinde hören, die dem Ablassunfug gegenüber spitzige Fragen genug auf der Zunge hat; die Ehrfurcht vor dem Papste wird nur zunehmen, wenn die Kirche sich entschließt, solchen Fragen Antwort zu geben, sie ernst zu nehmen und ihnen mit offener Liebe, nicht mit Gewalt zu begegnen. So sprengt Luther das heimliche Bündnis, das die verweltlichte Kirchengewalt mit dem Verlangen der frommen Selbstsucht, die des Heils auf Erden und im zukünftigen Leben sicher sein will, geschlossen hat." (Fausel 1, 102 f.)

Zu beachten bleibt nun, dass Luther in seinen Thesen – das sei noch einmal gesagt – gegen den Missbrauch des Ablasses, den er in Teilen für vertretbar hält, polemisiert, aber sie sind noch keine radikale Absage an römisch-päpstliche Theologie und kirchenrechtliche Praxis. Sie sind eine Etappe auf dem Weg einer konsequenten Reformation der Kirche an Haupt und Gliedern. Erst in den reformatorischen Hauptschriften von 1520 ist Luther der Reformator der Kirche.

Es hat sich aber durch Jahrhunderte eingebürgert, den 31. Oktober 1517 als den Beginn der Reformation anzusehen. Das dürfte aber historisch-kritisch nur bedingt richtig sein. Die Thesen haben eine große Diskussion in der deutschen und europäischen Christenheit entfacht. Und Luther entwickelte in den Jahren 1517–1520 seine Theologie zur reformatorischen Theologie weiter.

Zunächst äußert er sich 1518 noch in folgenden Schriften zur Ablassproblematik:

– „Die Ablassthesen und die Resolutionen" (Al 2, 32 ff.)
– „Sermon von Ablass und Gnade" (ebd., 83 ff.) (erstmals in deutscher Sprache)
– „Disputation zur Erforschung der Wahrheit und zum Trost der erschrockenen Gewissen" (WA 1)
– „Sermon von der doppelten Gerechtigkeit" (WA 2)

Noch im Mai 1518 schreibt Luther einen Brief an Papst Leo X und legt ihm seine Abhandlung bei: „Resolutionen oder Erklärung und Beweis der Thesen von der Kraft des Ablasses" (Al 2, 88 ff.). Antwort aus Rom hat er nicht bekommen.

Luther hat es sich nicht leicht gemacht mit seinen Urteilen über das Papsttum und die von ihm vertretene Theologie und sein Kirchenrecht. Es ist bei ihm in dieser Zeit nicht die Spur eines radikalen Ungehorsams gegenüber dem Papst oder einer kirchentrennenden Praxis zu erkennen. Erst mit dem Verhör in Augsburg durch den Kardinal Cajetan im Oktober 1518 und mit der Leipziger Disputation mit Johann Eck im Juli 1519 verschärfen sich Luthers Urteile über den Papst und die Konzilien: Beide können irren und haben geirrt. Der Papst wird für ihn der von Paulus im 2. Thessalonicherbrief geweissagte Widersacher Christi: „Er ist der Widersacher, der sich über alles erhebt, was Gott oder Gottesdienst heißt, so dass er sich sogar in den Tempel Gottes setzt und vorgibt, er sei Gott."

Die 13. These der Leipziger Disputation sagt:

„Dass die römische Kirche über alle anderen erhaben sei, wird mit den kraftlosesten, in den letzten 400 Jahren entstandenen Dekreten der römischen Päpste bewiesen; gegen diese stehen die beglaubigten Historien von 1.100 Jahren, der Wortlaut der Heiligen Schrift und der Beschluss von Nizäa, des heiligsten von allen." (Al 2, 94)

Für Luther wurde der entscheidende Gegensatz: Papst oder Evangelium, Kirchenapparat mit dem Unfehlbarkeitsanspruch des Papstes oder Hören auf das in den Testamenten bezeugte Wort Gottes.

Rom reagierte auf die bisherigen Schriften Luthers am 15. Juni 1520 mit der Bannandrohungsbulle „Exsurge Domine". Sie beginnt in der Einleitung: „Leo, Bischof, Diener der Diener Gottes. Zu ewigem Gedächtnis der Sache. Erhebe dich, o Herr, und verschaffe deiner Sache Recht. Sei deiner Schmähungen eingedenk, die von törichten Menschen täglich ausgehen. Schenke unseren Bitten Gehör, denn es sind Füchse aufgestanden, die sich anschicken, den Weinberg zu verwüsten, dessen Presse du allein bedienst und dessen Pflege, Lenkung und Verwaltung du, als du zum Vater auffahren wolltest, Petrus als Haupt und deinem Stellvertreter sowie dessen Nachfolgern als gleichsam der siegreichen Kirche übertragen hast; diesen Weinberg will ein Wildschwein aus dem Walde verderben, und ein außerordentlich wildes Tier frisst ihn kahl ..." (Kastner, 41)

Es folgt die Aufzählung von einundvierzig ketzerischen Lehren Luthers über die Sakramente, Taufe, Erbsünde, Fegefeuer, Buße, Reue, Vergebung der Sünden, Abendmahl, Ablass, Bann, Papst, Konzilien, hussitische Lehren, gute Werke, Ketzerverbrennungen, Türken, freier Wille. Alle Artikel und Schriften Luthers werden verurteilt. Und es heißt:

„Dieser Martinus sowie seine Anhänger, Helfer, Gönner und Beherberger ersuchen und ermahnen wir mit dieser Urkunde zum heiligen Gehorsam, und unter Zusicherung aller und jeder der genannten Strafen, die selbstverständlich daraus folgen, befehlen wir mit striktem Gebot, dass innerhalb von 60 Tagen – von denen wir zwanzig als den ersten, zwanzig als den zweiten und die letzten zwanzig als den dritten und letztmöglichen Termin ansetzen und die unmittelbar vom Anschlag dieser Bulle in den unten genannten Orten an zu zählen sind – Martinus persönlich sowie die erwähnten Helfer, Gönner, Anhänger und Beherberger von den genannten Irrtümern und ihrer Verbreitung, Veröffentlichung, Behauptung und Verteidigung wie von der Herausgabe von Büchern und Schriften über sie oder einen von ihnen gänzlich Abschied nehmen ..." (Kastner, 44)

Das war eindeutig geredet. Luther war als Ketzer vermahnt und man drang auf Widerruf. Luther aber hat die Bulle zusammen mit dem Kanonischen Recht und mit Schriften seiner Gegner am 10. Dezember 1520 vor dem Wittenberger Elstertor verbrannt. Es war Melanchthon, der zu diesem demonstrativen Akt einen Aufruf verfasst hat:

„Alle, die sich zur evangelischen Wahrheit bekennen, werden hiermit aufgefordert, sich um 9 Uhr an der Hl. Kreuz Kapelle außerhalb der Stadtmauer einzufinden. Zu diesem Zeitpunkt werden die gottlosen päpstlichen Konstitutionen und die Schriften der Schulmänner nach einem alten und apostolischen Brauch verbrannt werden. Die Feinde des Evangeliums wollen Luthers fromme und evangelische Schriften verbrennen. Eilt, Ihr frommen Studenten und nehmt an dieser heiligen und gottgefälligen Tat teil! Vielleicht ist der Zeitpunkt gekommen, zu dem der Antichrist offenbart werden wird." (Kastner, 110)

Damit war der Bruch Luthers und seiner Anhänger mit Rom vollzogen. Rechenschaft über diesen Schritt hat Luther in seiner Schrift „Warum des Papstes und seiner Jünger Bücher von D. Marinus Luther verbrannt sein" gegeben (Al 2, 275 ff.). In dreißig Abschnitten hat er seine Antwort auf die Vorwürfe gegen ihn aufgelistet. Am 3. Januar 1521 kam dann der Erlass der Bannbulle „Decet Romanum Pontificem" gegen Luther heraus. Er wird als Häretiker überführt und über ihn und seine Anhänger und Beschützer das Interdikt verhängt. Luther war bis zu seinem Lebensende der leidenschaftlichste Antipapalist. Noch in seiner Schrift 1545 „Wider das Papsttum zu Rom, vom Teufel gestiftet" (Al 2, 337 ff.) steht ein Satz wie:

„Wer Gott will hören reden, der lese die Heilige Schrift. Wer den Teufel will hören reden, der lese des Papstes Dekrete und Bullen."

Es gab von 1521 bis zu seinem Tod für Luther und für den sich bildenden Protestantismus keine Möglichkeit mehr, so etwas wie einen Dialog zu führen. Die Spaltung der Christenheit in verschiedene Konfessionen wurde für Jahrhunderte Realität.

Aber es muss noch einmal betont werden, dass Luther nicht die Spaltung der Kirche gewollt hat, sondern ihre Reformation aus Gottes Wort. Exkommuniziert hat ihn Rom. Einen Dialog hat Rom mit seinem „Ketzer" nie geführt. Rom fordert zudem Karl V auf, über Luther die Reichsacht zu verhängen. Am 8. Mai 1521 verhängte dieser in einem langen Edikt die Reichsacht über Luther (Kastner, 50 ff.).

Luther war nun religiöser Ketzer und Häretiker wie politischer Unruhestifter und Reichsfeind. Ein konzertiertes Bekämpfen von Papst und Kaiser gegen ihn und den Protestantismus konnte beginnen.

In dieser aufregenden Zeit (die politischen Ereignisse lassen wir hier außen vor) hatte Luther seine reformatorischen Hauptschriften geschrieben:
- „Von den guten Werken" (Al 2, 95 ff.)
- „An den christlichen Adel deutscher Nation von des christlichen Standes Besserung" (ebd., 157 ff.)
- „Vom babylonischen Gefängnis der Kirche" (ebd., 171)
- „Von der Freiheit eines Christenmenschen" (ebd., 251 ff.)

(Letztere Schrift schickte er auch noch als Sendbrief an Leo X.)

Der Cranachaltar in der Stadtkirche von Wittenberg bringt alles sichtbar auf den Punkt: Luther predigt das Ereignis Gott in Jesus Christus.

Fragt man nach dem inhaltlichen Kern seiner reformatorischen Theologie, so dürfte er ihn sprachlich prägnant in seiner Freiheitsschrift formuliert haben. Am Anfang heißt es dort:

„Ein Christenmensch ist ein freier Herr über alle Dinge und niemand untertan."

Und:

„Ein Christ ist ein dienstbarer Knecht und jedermann untertan." (Al 2, 215)

Und am Ende heißt es:

„Ein Christenmensch lebt nicht in sich selbst, sondern in Christus durch den Glauben, im Nächsten durch die Liebe." (ebd., 273)

Im Jahr 1520 beginnt die eigentliche Reformationsgeschichte. Sie wird eine kirchengeschichtliche Zäsur unter den politischen und gesellschaftlichen Bedingungen der frühen neuzeitlichen Moderne. Die Wirkungsgeschichte der Reformation geht durch die folgenden Jahrhunderte bis in unsere Zeit.

III. Katharina von Bora und ihre Ehe mit Luther

Sie wurde am 29. Januar 1499 als Tochter einer sächsischen Adelsfamilie geboren, wahrscheinlich auf Gut Lippendorf südlich von Leipzig im Land Meißen, das zum sächsischen Herrschaftsgebiet von Georg dem Bärtigen (1471–1539) gehörte, der später der entschiedenste Gegner Luthers sein sollte. Katharinas Vater war Hans von Bora, die Mutter eine geborene Anna von Haubitz. Man zählte zu dem niederen Adel in der Provinz ohne größeren Besitz und Reichtum, meistens an der Armutsgrenze lebend. Katharina hatte mehrere Brüder, die aber nur am Rande ihres Lebens eine Rolle spielen sollten.

1504/05 (also mit sechs Jahren) wurde sie nach dem Tod der Mutter und der schnellen Wiederverheiratung des Vaters zur Erziehung in das Benediktinerinnenkloster Brehna bei Bitterfeld geschickt. Der Vater sah sich nicht in der Lage, Katharina auf dem eigenen Gut standesgemäß mit Bediensteten und Privatlehrern aufzuziehen. Kontinuierlichen Kontakt zum Vater und zur Stiefmutter hat sie in den folgenden Jahren nicht mehr gehabt. Die verwandtschaftlichen Verhältnisse der Großfamilie von Bora waren und blieben kompliziert.

1509 wurde Katharina in das Zisterzienserinnenkloster Marienthron bei Nimbschen nahe Grimma gebracht. Eine ältere Nonne, Magdalene von Haubitz, war ihre Tante, die für einen guten Unterricht der nun Zehnjährigen sorgte. Sie lernte zusammen mit neun adeligen Schülerinnen gutes Lesen, Schreiben und Singen, dazu etwas Latein. Leichte Gartenarbeit gehörte zum Alltag ebenso wie ein Kennenlernen der Arbeiten und der Abläufe in einem größeren landwirtschaftlichen Betrieb, der mit seinen zahlreichen Wirtschaftsgebäuden zum Kloster gehörte.

1514 trat Katharina in die einjährige Probezeit des Noviziats des Zisterzienserinnenklosters ein, das damals aus dreiundvierzig meist adeligen Nonnen bestand. Nach der Probezeit legte sie in einer feierlichen Zeremonie am 18. Oktober 1515 ihr Gelübde als Nonne ab: Gehorsam, Keuschheit und Armut. Sie war gerade sechzehn Jahre alt. Die Nonnen lebten in strengster Klausur ohne Kontakte zur Außenwelt. Eine besondere Rolle spielte die Äbtissin, die mit „gnädige Frau" angeredet wurde. Ab 1509 war das Katharinas Tante Magdalene. Das alltägliche Leben wurde strukturiert von der strengen Ordensregel, von der Klosterregel und der Klosterzucht. Unter der Aufsicht einer älteren Klosterfrau lernte Katharina die Haltung und den Gang, die Gebärden und Reden, wie sie einer Nonne zu entsprechen hatten. Der Tag verging mit Beten, Singen, Lesen und Hören erbaulicher Texte sowie mit den sieben

Gebetszeiten von der Matutin (Morgengebet) bis zur Komplet (Nachtgebet). An zwölf Altären der Kirche gab es rund vierhundert Reliquienstücke, die gepflegt werden mussten: darunter kleine Teile von Christi Krippe und Kreuz, vom Kleid und Schweißtuch, ferner Steine und Boden, auf denen Christus gegangen war, gegeißelt und gekreuzigt wurde. Hinzu kamen Rock, Haare und Hemd der Heiligen Jungfrau, ferner Knochen von Aposteln und Heiligen, alles aufbewahrt in heiligen Kapseln.

Es gab regelmäßig eine Klostervisitation durch den Abt von Pforta, der Beichtgespräche mit allen Nonnen führte und bei erkannten Regelverletzungen Bußen auferlegte. Ein besonderer Tag war der jährliche Ablasstag, an dem die Menschen aus der Umgebung zusammenströmten und Ablässe für ihre Sünden gegen Bargeld erwarben. Von dem damit verbundenen anschließenden fröhlichen Volksfest haben die Nonnen aber nichts mitbekommen.

Luther schrieb 1521 die Schrift über „Ein Urteil über die Klostergelübde" (Al 2, 313 ff:). Es sind 139 kleine Thesen über den Glauben, über die Werke, über Sünde und Gnade, bevor er von These 30 an das Klosterleben und das Gelübde behandelt. Er setzt gegen beide „das Neue Testament". Dies sei „ein Reich der Freiheit und des Glaubens". Die Gelübde führten nicht auf Christus und den Glauben an ihn hin, sondern zur Herrschaft des Gesetzes, der Gesetzlichkeit. Man sollte die Klöster verbieten und „wie öffentliche Hurenhäuser meiden. Sie sind es, durch deren Werke des Antichrists Reich befestigt wird." Für Luther sind Klöster, deren geistliche Regeln und tägliche Lebensweise er genau kannte, Stätten harter Gesetzlichkeit, die nicht in die Freiheit des Glaubens und Denkens führen, sondern in gehorsame Unterwürfigkeit unter selbst geschaffene Regelwerke. Und sie verhindern das verantwortliche Handeln der Liebe im alltäglichen Leben. Luthers zentrale Botschaft an die in den Klöstern Lebenden: Rechtfertigung vor Gott allein aus dem Glauben.

Dieser Text Luthers gegen die Institutionen und den Geist der Klöster sind mit größter Wahrscheinlichkeit auch einigen Nonnen in Nimbschen bekannt geworden.

Auch seine Hauptschriften von 1520 sind unter den Nonnen zur Kenntnis genommen worden. In den beiden nahen kursächsischen Städten Grimma und Torgau gab es reformatorisch gesinnte ehemalige Mönche und Pfarrer, die Schriften Luthers unter die Nonnenschaft geschmuggelt haben. Besonderes Interesse dürften unter den Nonnen die Schriften „Von den guten Werken" und „Von der Freiheit eines Christenmenschen" gefunden haben.

Und Luthers „Das neue Testament deutsch" (1522) machte die Nonnen mit Texten bekannt, die sie sonst nur in Auszügen aus den liturgischen Vorlagen kannten. Jedenfalls überlegten einige, wie sie sich aus dem Klosterleben befreien könnten. Für Nonnen war das eine ungewöhnliche Absicht. Ihre Bitten um Wiederaufnahme in ihre Familien wurden meistens abschlägig beschieden. Schließlich baten sie Luther auf geheimem Vermittlungsweg um Rat und Hilfe bei ihrer beabsichtigten Flucht. Dieser bat den wahrscheinlichen Überbringer des Bittbriefes der Nonnen, den Torgauer Ratsherrn und Kaufmann Leonhard Koppe, die zumeist jungen Nonnen aus dem Kloster zu befreien und dann auf seinem großen Planwagen nach Torgau und Wittenberg in Sicherheit zu bringen. In der Osternacht 6./7. April 1523 gelang die heimlich vorbereitete abenteuerliche Flucht aus dem Kloster in Nimbschen und die Fahrt in ein neues Leben. Koppe kannte die Kloster- und ihre Wirtschaftsanlagen sehr genau. Seit Jahren lieferte er Tonnen von Heringen, Kiepen mit Stockfischen und Hechten sowie Fässer mit Bier und anderen nützlichen Sachen. Auch er kann „Lutherana" ins Kloster geschmuggelt haben.

Koppe war zusammen mit zwei starken jungen Männern ein großes Risiko eingegangen: Auf Entführung von Nonnen aus dem Kloster stand die Todesstrafe. Die drei Akteure hatten die Nonnen unter Planen und einige von ihnen in leeren Heringsfässern versteckt. Auch hatten sie weltliche Kleider dabei, gegen die die Nonnentracht ausgetauscht wurde. In Torgau machte man Station, um die nun völlig Mittellosen gut zu verpflegen und noch besser einzukleiden. Der lutherische Pfarrer Gabriel Zwilling, der in die ganze Aktion eingeweiht war, organisierte die Übernachtung und die weitere Umkleidung in Torgau. Nur zwei der Nonnen machten sich auf den Weg zu ihren Familien, die anderen Neun gelangten nach Wittenberg.

Schon am 10. April 1523 schrieb Luther einen Dankesbrief an Koppe: „Dem klugen und weisen Leonhard Koppe, Bürger zu Torgau, meinem besonderen Freunde, Gnade und Frieden", gedruckt unter dem Titel: „Ursach und Antwort, dass Jungfrauen Klöster göttlich verlassen können." (B/E III, 200 ff.) In diesem Brief setzt er sich kritisch mit den zu erwartenden Polemiken gegen ihn, den Urheber der Aktion Nimbschen, auseinander. Noch einmal entfaltet er seine theologischen und ethischen Gründe vom Wort Gottes und von Gottes Schöpfungsordnungen her gegen das weibliche Mönchswesen. Am Ende sagt er:

„Ich will aber auch die Jungfrauen hier nennen, auf dass alles ja frei am Tage sei. Und es sind nämlich dies: Magdalene von Staupitz, Elisabeth von

Kanitz, Veronika von Zeschau, Margarethe von Zeschau, ihre Schwester, Laneta von Gohlis, Ave Grosse, Katharina von Bora, Ave von Schönfeld, Margarethe von Schönfeld, ihre Schwester. Der allmächtige Gott wolle gnädig erleuchten alle Verwandten derjenigen, die mit Gefahr und Unlust in Klöstern sind, dass sie ihnen treulich heraushelfen. Welche aber geistverständig sind und die Klosterei nützlich zu brauchen wissen und gerne drin sind, die lasse man bleiben im Namen Gottes." (B/E III, 209 f.)

Nun galt es für Luther und für seine Wittenberger Freunde, den neun jungen Nonnen zu helfen, in eine Ehe zu treten oder einen anderen Lebensunterhalt zu finden. Luther, der zu dieser Zeit mittellos war, versuchte, eine Kollekte für die Flüchtigen zu organisieren, aber sie brachte nicht viel ein. Es gab noch zu viele Vorbehalte gegenüber der Aktion Nimbschen.

Katharina bekam zunächst kurzfristig eine Unterkunft im Haus des Stadtschreibers Philipp Reichenbach und seiner Frau. Hier ist sie behutsam in die Handgriffe eines bürgerlichen Haushaltes und in die Umgangsformen mit den Wittenberger Führungsschichten aus dem städtischen, obrigkeitlichen und universitären Dienst eingeführt worden. Nach der Heirat ihrer Freundin Ave von Schönfeld mit dem Arzt und Apotheker Basilius bekam sie deren Platz im Haus des Malers Lucas Cranach (1472–1553) und seiner Frau Barbara (1485–1540). In den beiden Bürgerhäusern hat sie die „Prominenz" Wittenbergs kennengelernt: Justus Jonas (1493–1555), Propst an der Schlosskirche, Johann Bugenhagen (1485–1558), Pfarrer an der Stadtkirche, den Juristen Hieronymus Schurff (1481–1554) und seinen Bruder, den Mediziner Augustin Schurff (1495–1554), und den Juristen Johann Apel (1486–1536) und viele andere. Auch mit dem Ehepaar Melanchthon hatte sie Kontakt. Mit allen Familien sollte Katharina später als Frau von Luther zu tun haben. Ein besonderes Ereignis war, dass sie dem König von Dänemark Christian II (1513–1523) begegnete, der ihr sogar einen goldenen Ring verehrte.

Eine wichtige Freundschaft schloss sie mit Elisabeth Cruciger (ca. 1500–1535), die als Kind aus pommerschem Adel in ein Kloster verbracht worden war, das sie 1522 verließ, um nach Wittenberg zu gehen. Dort heiratete sie später den Theologen Caspar Cruciger (1504–1548) aus Magdeburg. Katharina ließ sich von Elisabeth über die Bedeutung von Liedern und des gemeinsamen Singens aufklären. Elisabeth wird die erste evangelische Kirchenliederdichterin der Reformation mit dem Lied „Herr Christ, der einig Gottes Sohn" (1524), heute unter Nr. 67 im Evangelischen Gesangbuch.

Katharina hatte auf eine eheliche Verbindung mit dem Nürnberger Studen-

ten Hieronymus Baumgartner, der ihre erste Liebe war, gehofft. Luther schreibt am 12. Oktober 1524 an ihn:
„Übrigens, wenn Du Deine Käthe von Bora halten willst, musst Du Dich beeilen, bevor sie einem anderen gegeben wird, der bei der Hand ist. Sie hat die Liebe zu Dir noch nicht verwunden. Ich würde mich wirklich freuen, wenn ihr beiden miteinander verbunden würdet." (B/E VI, Nr. 36)

Die Ehe kommt aber wegen des Widerstands seiner Eltern nicht zustande. Auch eine Intervention Luthers bei den Baumgartners blieb ohne Antwort wie auch sein weiterer Versuch scheiterte, Katharina mit dem Pfarrer von Orlamünde Dr. Kaspar Glatz zu verbinden. Denn Katharina lehnte selbstbewusst Luthers Heiratsvermittlungen ab. Sie selbst ließ aber andernorts durchblicken, dass sie sich eine Heirat mit Nikolaus von Amsdorf (1483–1565) oder mit Luther selbst vorstellen könne. Sie greift also nach zwei Häuptern der Reformation. Das wird bekannt und gibt zum munteren Tratschen Anlass. Die Gerüchte schwirren in Wittenberg und im weiten Land umher, Luther und Katharina hätten schon ein unerlaubtes Liebesverhältnis.

Katharina hatte in den Jahren 1523 bis 1525 als adelige Hausangestellte in dem bürgerlichen Cranachhaus, das zu den größten Häusern in Wittenberg zählte, das Backen, das Bierbrauen, das Füttern und das Schlachten von Tieren, das Kutschieren, das Waschen und Kinderhüten gelernt. Sie machte sich in der Tat noch kundiger über den Ackerbau, über den Weinanbau, lernte Lagerhaltung und Buchführung und übte, Gäste zu bewirten und mit ihnen Gespräche zu führen. Mit dem Ehepaar Cranach verband sie bald eine enge Freundschaft. Frau Barbara wurde eine enge Vertraute von Katharina, die zudem im Hause Cranach die Malerarbeiten des Meisters und viele bekannte Zeitgenossen, die sich porträtieren lassen wollten, kennenlernte.

Von den neun Nonnen hatten sich bis Ende 1524 die meisten heiraten lassen oder waren in ihre Familien zurückgekehrt. Nur Katharina war noch frei. Sie ließ nicht – wie es in der dominanten Männerwelt allgemein üblich war – über sich gegen ihren Willen verfügen. Töchter heirateten in der Regel gehorsam die Männer, die ihnen die Eltern oder Vormünder ausgesucht hatten. Katharina wollte bald nur noch ihren Luther, den sie bei den Cranachs öfter gesehen und gesprochen hatte. Auch Luther warf schließlich ein kleines Auge auf sie. Er hatte sie als eigenständige und tüchtige junge Frau erlebt und sie schätzen gelernt. Nun entspann sich langsam ein beiderseitig sich vertiefendes Interesse aneinander, auch wenn er sie anfangs noch für „stolz und hoffärtig" gehalten hatte. Der nun fast zweiundvierzigjährige Mann entbrannte

47

nicht wie ein zwanzigjähriger Brünstling, der eine junge Liebe zur Heirat bringen will, aber er konnte sich je länger, je mehr lebhaft vorstellen, in einer Ehe mit Katharina den kommenden Jahren Sinn und Ordnung zu geben.

Luther reiste Anfang Mai 1525 zur Zeit der zunehmenden Bauernunruhen durch das Mansfelder Aufstandsgebiet und schrieb:

„Wohlan, komme ich heim, so will ich mich mit Gottes Hilfe zu Tode schicken und meiner neuen Herren, der Mörder und Räuber warten." (B/E VI, Nr. 37)

Er sah sich in einer apokalyptischen Endzeit mit der Aussicht auf das persönliche Sterben. Und in dieser Situation einer möglichen Katastrophe will er nun ein Zeichen gegen den Untergang setzen:

„Und kann ichs schicken, ihm (dem Teufel) zu Trotz, will ich meine Käthe noch zur Ehe nehmen."

Und er will mit seiner Hochzeit bezeugen: „..., dass ich vor meinem Ende im Stande von Gott erschaffen gefunden und nichts meines vorigen papistischen Lebens an mir behalten werde." (B/E VI, Nr. 41)

Die Heirat ist für ihn der letzte Schritt, das letzte Signal, dass er sich endgültig aus der papistischen Herrschaft befreit hat, und es ist für ihn ein öffentliches Zeugnis, gerade in einer katastrophenträchtigen Situation ein Ja zur göttlichen Schöpfungsordnung zu bezeugen. Luther unterrichtet seine Eltern, dass er Katharina heiraten wolle. Der lange Wunsch seines Vaters werde in Erfüllung gehen.

Einen Monat nach der Schlacht von Frankenhausen zwischen den Fürstenheeren und den Bauernhaufen am 15. Mai 1525 mit den folgenden Massakern der Obrigkeiten an den Bauern wird in Wittenberg die Hochzeit des ehemaligen Mönches, des Rebells gegen das römische Papsttum und des Kopfes der evangelischen Reformation mit der geflohenen, gerade sechsundzwanzigjährigen Nonne am 13. Juni 1525 gefeiert. Der Bräutigam war sechzehn Jahre älter als die Braut. Die kirchliche Trauung nahm der Stadtpfarrer Johannes Bugenhagen im Beisein von Justus Jonas, dem Ehepaar Cranach und dem Juristen Johann Apel vor. Sie wurden auch die Zeugen des anschließenden sogenannten „Beilagers": Die Eheleute lagen auf einem neuen Strohsack nebeneinander und über sie wurde eine Decke ausgebreitet. Mit dieser üblichen Zeremonie war die Ehe rechtskräftig.

Auffallend, dass Luthers engster Mitarbeiter und Freund Melanchthon nicht dabei war. Er war gegen die schnelle Eheschließung mit der entlaufenen Nonne. Katharina selbst konnte auf sich ein wenig stolz sein, wurde sie doch die Frau eines der bekanntesten Männer ihrer Zeit. Wer unter den heiratsfähigen und heiratswilligen jungen Frauen hätte nicht Frau Luther heißen mögen? Die beiden Vermählten nahmen Wohnung im Schwarzen Kloster. Nach der ersten Ehenacht gab es am folgenden Tag im kleinen Kreis ein Essen für die Zeugen. Der Stadtrat stiftete sieben Kannen Frankenwein.

Für die beiden Getrauten begannen nun die sogenannten „Küssewochen" (= Flitterwochen), in denen man seinen Lebens- und Liebesstil finden und einüben konnte. Luther war so engagiert, dass er in den nächsten Wochen keine Vorlesungen hielt und auch nur wenige Briefe schrieb. Er konzentrierte sich ganz auf das, was ihm bisher fremd war.

In einem Brief an Johann Rühel schreibt Luther am 15. Juni:

„So habe ich mich nun auch auf Begehren meines lieben Vaters verehelicht und um dieser Mäuler willen, dass es nicht verhindert würde, mit Eile beigelegen; bin willens, auf Dienstag, den 27. Juni, eine kleine Festlichkeit zu veranstalten ..." (Al 10, 157)

Und am 16. Juni schreibt er an Spalatin:

„Ich habe denen das Maul gestopft, die mich mit Katharina von Bora in üblen Ruf bringen, lieber Spalatin. Kommt es dazu, dass ich ein Festmahl mache, meinen Ehestand damit zu bezeugen, dann musst Du nicht allein dabei sein, sondern auch mithelfen, wenn etwas an Wildpret nötig sein sollte. Indessen wünsche uns Glück und Gottes Segen.

Ich habe mich durch diese Heirat so verächtlich und geringschätzig gemacht, dass ich hoffe, es sollen die Engel lachen und alle Teufel weinen. Die Welt und ihre Weisen verstehen dieses göttliche und heilige Werk nicht, ja sie machen es an meiner Person gottlos und teuflisch. Deshalb habe ich größeren Gefallen daran, dass aller derer Urteil durch meinen Ehestand verurteilt und beleidigt wird, die in der Unkenntnis Gottes zu bleiben fortfahren wollen. Gehab Dich wohl und bete für mich." (Al 10, 158)

Und am 21. Juni schreibt er an Amsdorf, jetzt Pfarrer in Magdeburg:

„Nun, das Gerücht ist wahr, dass ich mit Katharina plötzlich verehelicht worden bin, ehe ich genötigt würde, über mich lärmende Mäuler zu hören, wie es zu geschehen pflegt. Denn ich hoffe, dass ich noch eine kurze Zeit leben werde, und ich habe diesen letzten Gehorsam meinem Vater, der in der Hoffnung auf Nachkommenschaft dazu aufforderte, nicht abschlagen wollen. Zugleich wollte ich auch das mit der Tat bekräftigen, was ich gelehrt habe, denn so viele Kleinmütige finde ich bei so großem Lichte des Evangeliums. So hat Gott es gewollt und gemacht. Denn ich empfinde nicht fleischliche Liebe noch

Hitze, sondern ich verehre meine Frau. Ich will daher am nächsten Dienstag ein Gastmahl geben zum Zeugnis meiner Ehe, wo meine Eltern zugegen sein werden. Deshalb habe ich gewollt, dass Du auf jeden Fall dabei bist, darum lade ich Dich jetzt ein, wie es beschlossen war, und bitte Dich, sage nicht ab, wenn Du irgend kannst." (Al 10, 159 f.)

Diese Briefe zeigen deutlich, dass er seine Ehe auch als Befreiungsschlag gegen die Lügenmäuler und Gerüchteerzähler verstanden hat. Einige hatten Katharina schon eine Schwangerschaft unterstellt. Dazu gehörte auch Erasmus von Rotterdam (1469–1536), der sich aber später für seinen nachgeplapperten Irrtum entschuldigt hat.

Und in der Tat: Am 27. Juni 1525 findet nach einem öffentlichen Gottesdienst und der Einsegnung des Ehepaars eine große Hochzeitsfeier im alten Augustinerkloster statt. Zugegen sind Luthers Eltern, Angehörige und Freunde aus dem Mansfeldischen sowie Wittenberger Kollegen mit ihren Frauen und Leonhard Kopp, dem Luther seine Katharina verdankte. Verwandte von Katharina waren nicht dabei. Diesmal war auch Melanchthon zugegen, der in der Folgezeit zusammen mit seiner Frau ein gutes Verhältnis zu Katharina entwickelt hat. Katharina war es, die diesen Hochzeitstag vorbereitet hat. Als Hochzeitsgeschenke kamen:
– vom Rat 20 Gulden und ein Fass Einbecker Bier
– von der Universität wertvolle Becher
– von den Cranachs Hausrat, Tücher und eine Truhe
– vom Kurfürsten Johann 100 Gulden und das mietfreie Überlassen des Schwarzen Klosters als Wohnung für die Luthers. Er verband diese Schenkung mit dem Wunsch an Katharina: „Sie mögen brauen, mälzen, schenken, Vieh halten und andere Hantierungen verrichten."

Auch sonst kamen noch Geschenke hinzu, die für die Hochzeitsfeier und vor allem für den Aufbau eines eigenen Haushaltes nützlich waren. Abgelehnt aber hat Luther das Geschenk von Anteilen (Kuxen) an Silberbergwerken: „Ich will kein Kux haben! Es ist Spielgeld, und es will nicht wudeln, daselbig Geld. Dazu, wenns allein Spiel wär! Denn beim Spiel gewinnt oder verliert man aus freien Stücken. Aber ich lass mir sagen, dass (im Kuxhandel) alles voller Lug und Trug ist. Sie haben mich oft versucht mit Kux, ich hab aber nie dran gewöllt." (Henkys, 40)

Ganz wichtig wurde, dass Tante Lene (Magdalena von Bora) als Nonne und Äbtissin bald das Kloster von Nimbschen verließ und im Haus ihrer

Nichte als „Muhme Lene" bis zu ihrem Tod 1537 die tragende Säule im Alltagsgeschehen des immer größer werdenden Hausbetriebes wurde.

Luther selbst, den – wie er oft gesagt hat – nicht die Brunst zur Ehe getrieben hatte, entdeckte nun für sich in der Ehe die Sexualität und ihre Schönheit sowie vor allem das vertraute Zusammenleben in seelischer, geistiger und geistlicher Gemeinsamkeit. Die Jahre der kommenden Ehezeit haben den Menschen Luther verändert und ihn zu einem liebenden Ehepartner und Vater gemacht. Er hat auch in seinen Vorlesungen und in seinen Tischgesprächen sehr offen und anschaulich über ein erfülltes Sexualleben gesprochen. Nur ein Beispiel: Er polemisierte gegen die zeitübliche einzige Empfängnisverhütung – die Praxis des Koitus interruptus, die Flucht des Mannes kurz vor seinem Orgasmus, ohne auf den Orgasmus der Frau zu warten. Luther: Das „frustriert" die Frau. Er gestand hier und anders im Gegensatz zur damaligen männerdominanten Praxis der Frau das Recht auf ein eigenes erfülltes Sexualleben zu. Von sich selbst schrieb er: „Ich bin an meine Käthe gekettet" und bin ihr „in die Zöpfe geflochten".

Es konnte nicht ausbleiben, dass die Altgläubigen gegen diese Hochzeit polemisierten und vor allem auch Katharina als Abtrünnige und Hure verunglimpften. Zahlreiche Spottgedichte und Verleumdungsschriften sind erschienen, die mit groben Verwünschungen nicht sparten. Luther drohte man so heftig, dass seine Käthe ihn davon abhielt, zur Hochzeit von Spalatin nach Altenburg zu fahren. Aber auch unter Anhängern Luthers gab es Kritik an seiner Hochzeit mit einer jungen entlaufenen Nonne und das mitten im Blutjahr des Bauernkrieges. Auch in Wittenberg haben Bürger diese Ehe nicht akzeptieren können und fleißig jetzt und später die Gerüchteküche bedient.

Lukas Cranach war es, der in Sympathie zu Katharina und Martin ein Doppelporträt des Ehepaares für die Nachwelt angefertigt hat. Der Kontakt zur Malerunternehmerfamilie der Cranachs wurde in der Folge immer enger.

Was macht in der kommenden Zeit der jungen Ehe die Ehefrau Katharina? Sie begann, das verlassene Kloster in Ordnung und in neue Funktion zu bringen. Dazu dienten die 100 Gulden, die der Kurfürst zur Hochzeit geschenkt hatte. Er hatte zudem – wie schon gesagt – Luther das kostenlose Nutzungsrecht über das Schwarze Kloster zugestanden. 1532 übertrug er in einer Urkunde Martin Luther sogar das Eigentumsrecht.

Katharina richtete zunächst alle Zimmer neu ein. Später schuf sie eine „Lutherstube" und heizbare Räume. Auch ein für damalige Zeiten modernes Badezimmer mit Wanne und Ständer richtete sie ein. Und sie begann mit dem

Anlegen eines eingezäunten Gartens vor dem Haus für Gemüse und pflanzte Obstbäume. Luther hat manchmal geholfen. Auswärtige Freunde bat er um die Übersendung von Samen für Gemüsesorten, die es in Wittenberg noch nicht gab. Überhaupt bezogen sie von auswärts etliche Waren und Gegenstände, die es in Wittenberg, das nie eine veritable Stadt wurde, nicht gab. Sie hatten ein weitreichendes Beziehungsnetz, einzeln und gemeinsam.

Aber es wäre falsch, Katharina nur als tüchtige Hausfrau zu sehen. Sie wurde auch eine Partnerin in der Arbeit ihres Mannes. Luther machte sie vertraut mit den Inhalten seiner theologischen Arbeit. Sie diskutierten über sie. Er ermunterte sie zur eigenen Bibellektüre und zur Vertiefung ihrer Sprachkenntnisse. Sie wiederum ging ihm zur Hand bei der Durchsicht und der Drucklegung seiner Schriften.

Nach anfänglichen kleineren Kontroversen überließ Luther ihr aus Einsicht in die praktische Überlegenheit seiner Käthe die Besorgung des Hauses, der Gärten und der sich bald entwickelnden Landwirtschaft. Vor allem aber wurden die Hausfinanzen ihre Sache.

Katharina übernahm souverän die Führung des Haushaltes und die Leitung der zahlreicher werdenden Immobilien. Zum Haushalt gehörten die engeren und weiteren Familiemitglieder, dazu kamen zeitweilig Gäste. Auch richtete sie eine Studentenburse ein mit dreißig bis vierzig zahlenden Studenten in Logie und mit Kost.

Sie baute eine eigene tierische Nahrungsmittelproduktion auf: Schweine, Hühner, Enten, Gänse, Ziegen und Kühe deckten den eigenen Lebensmittelbedarf und brachten Einnahmen auf dem Wittenberger Markt, den sie regelmäßig besuchte. Auch Pferde für Kutschen und Wagen hatte sie. Sie pachtete und erwarb weitere Gärten (u. a. vor dem Elstertor) und Äcker vor der Stadt und sie kaufte aus ihren Erlösen Gärten mit Teichen, in denen sie verschiedene Fischsorten züchtete. Auch eine Bienenzucht und einen Hopfengarten hatte sie. Ihren Speiseplan, den wir in etwa kennen, kann man als nahrhaft und abwechslungsreich bezeichnen. Sie entwickelte eigene Rezepte, die die üblichen Essgewohnheiten variierten und verfeinerten.

Katharina überschritt die Wittenberger Stadtgrenzen, als sie das außerhalb liegende Gut Boos pachtete. Überhaupt hatte sie einen ausgeprägten Sinn für Grundbesitz. Sie wollte sich durch Eigenproduktionen vom Handel und von Lieferanten unabhängiger machen. Sie hatte zudem einen ausgeprägten Sinn für die Preis-Leistungs-Relationen. Später (1540) kaufte Luther für sie von ihrem Bruder das Gut Zülsdorf als Witwensitz. Hier hielt sie sich sehr gerne auf und war nur brieflich zu erreichen. Luther schrieb ihr einen Brief, der wie folgt begann:

„Der reichen Frauen zu Zülsdorf, Frauen Doktorin Katharin Lutherin, zu Wittenberg leiblich wohnhaftig und zu Zülsdorf geistlich wandelnd, meinem Liebchen."

Oder 1540:

„Meiner herzlieben Käthe, Doktorin Lutherin und Frauen auf dem neuen Saumarkt, zu Händen. Gnade und Friede! Liebe Jungfrau Käthe, gnädige Frau von Zülsdorf (und wie E. Gnaden mehr heißt)! Ich füge Euch und E.G. untertäniglich zu wissen, dass mirs hier gut gehet: ich fresse wie ein Böhme, und saufe wie ein Deutscher, das sei Gott gedankt. Amen" (Al 10, 288 f.)

1541 erfolgte noch der Kauf des Hauses des Klosterverwalters Bruno Bauer. Katharina war also eine erfolgreiche Unternehmerin, versiert in allen Fragen des ökonomischen und finanziellen Gewerbes. Ihr Ehemann ließ sie schalten und walten und hatte Respekt vor ihrer Tüchtigkeit. Dazu Luther:

„Das Weib habe das Regiment im Hause ohnbeschadet des Mannes Recht und Gerechtigkeit; dafür ist es geschaffen. Denn das ist wahr, die häuslichen Sachen, was das Hausregiment betrifft, da sind die Weiber geschickter und beredter als wir."

Und:

„Ich bin zur Haushaltung recht ungeschickt und fahrlässig. Ich kann mich in das Haushalten nicht richten. Ich werde von meinem großen Hauswesen erdrückt."

Und:

„Gott hat es gut mit mir gemeint, dass er mir ein solches Weib gab, das für das Hauswesen sorgt, so dass ich nicht gezwungen bin, das auch noch auf mich zu nehmen." (Fausel 2, 92 f.)

Und schließlich:

„Ich habe meine Käthe lieb, und ich weiß, dass ich sie lieber habe als mich, das heißt: Ich wollte lieber sterben, als dass sie mit den Kindern sterben müsste." (ebd., 93)

Seine Käthe aber hatte neben ihrem ausgeprägten Pflichtbewusstsein auch das notwendige Herrschaftstalent, das ihm fehlte. Sie stand als Erste um 4 Uhr auf. Deshalb nannte Luther sie den „Morgenstern von Wittenberg".

Natürlich konnte es nicht ausbleiben, dass es zu Konflikten mit Nachbarn in Eigentumsfragen kam. So musste Katharina manchen Rechtsstreit führen. Sie wusste in jeder Beziehung, was „Welt", was „Wirtschaft" und Hauswirtschaft in der Zeit des aufkommenden Frühkapitalismus waren. Sie war nicht die unauffällige „Gattin" an der Seite ihres Mannes, sondern eine für diese Zeit selbstbewusste und selbstständig arbeitende Frau. Luthers kurfürstliches Gehalt (nicht besonders fürstlich) und ihre Gewinne waren die monetären Grundlagen ihres großen Hausbetriebes. Und doch waren sie auch angewiesen auf besondere Zuwendungen in Naturalien und auf besondere Ehrengeschenke. Über alles wurde genau Buch geführt. Aber auch Schulden mussten zeitweilig gemacht werden, Freunde mussten einspringen. Trotz der Zugewinne durch Käthes Wirtschaft gab es auch immer Defizite. Aber am Ende wurde man reicher. Luther nannte das eine „wunderliche Haushaltung". Er hatte noch nicht richtig durchschaut, dass Investitionen und Schuldenmachen Grundlagen für späteren Reichtum sein können. Luther selbst hatte großes Unbehagen an Geschenken und Zuwendungen, während Käthe hier als die größere Tagesrealistin keine Probleme sah. Und ununterbrochen wurde im alten Kloster umgebaut und Neues installiert. Handwerker waren immer im Haus. Zusammen mit und ohne Luther hatte Katharina Kontakte zur Wittenberger „Prominenz". Sie erwarb sich große Akzeptanz in der Stadt und außerhalb Wittenbergs, hatte aber auch ewige Kritiker.

Ihr Ehemann Martinus ist nie im Sinne der Tradition der „Herr im Hause" gewesen. Er hatte auch kein besonderes Verhältnis zum Geld. So nahm er für seine Bücher keine Honorare und von seinen Studenten keine Hörergelder. Viele Zeitgenossen haben ihm allerdings seine „Arbeitsteilung" mit seiner Käthe als männliche Schwäche ausgelegt und verübelt. Diese neuartige arbeitsteilige Partnerschaft war vielen ein Aufgeben der männlichen Obergewalt, der sie nicht zustimmen konnten. Dank des Geschicks seiner Käthe wurde das lutherische Hauswesen mit seinem Grundbesitz, mit seinem Hausinventar einschließlich der zumeist geschenkten Kleinodien und mit dem Viehbestand eines der wohlhabenderen in der Stadt.

Zum lebendigen „Inventar" gehörten rund zehn Mägde und Knechte, eine Köchin, ein Kutscher, ein Schweinehirt und ein persönlicher Diener für Luther (Wolf Seberger). Es war ein großer Familienbetrieb, rund um die Uhr in Bewegung. Auch ein spezieller Weinkeller und eine Bierbrauanlage wurden eingerichtet. Katharina hatte das Braurecht. Wein und Bier gab es immer bei Luthern. Sie erhöhten die Freude am Leben. Hart arbeiten und fröhlich genießen waren in diesem Hause ein Zwillingspaar.

Das lutherische Haus war zudem ein offenes Haus. Im Zentrum standen Martin und Käthe samt ihren Kindern, dazu kamen aus ihrer beiderseitigen

Verwandtschaft aufgenommene Kinder, Vettern und Nichten. Es war immer ein Großhaushalt mit vielen Bewohnern und Gästen. Mahlzeiten mit zwanzig bis dreißig Leuten waren keine Seltenheit.

Während und nach den Mahlzeiten gab es Gespräche, die ab 1531 von verschiedenen Teilnehmern aufgeschrieben wurden. Diese Tischreden Luthers geben einen Einblick in die theologischen, aber auch in die alltäglichen Probleme der Zeitgenossen. Geht man die Namen der Gäste durch, so finden sich unter ihnen Männer aus allen Gegenden Deutschlands und auch viele aus europäischen Ländern. Das Schwarze Kloster war ein Anziehungspunkt für einen großen Teil der geistigen Elite und auch für fürstliche Parteigänger der Reformation. Und sie alle erlebten am Tisch und in geselligen Runden die Mitte des Hauses: die „Erzköchin", wie Luther sie nannte, und die „Doktorin", wie Luther sie auch nannte. Katharina hatte eben nicht nur ein gutes Wissen über gute Rezepte, sondern war auch in theologischen Fragen versiert und in Glaubens- und in Lebensfragen geübt. Wie weit sie an den gelegentlich derberen Gelagen mit viel Bier und Wein im engeren Freundeskreis ihres Mannes teilgenommen hat, ist weniger bezeugt.

Bald meldete sich ein Jahr nach der Hochzeit das erste Kind an. Viele, die Martin und Katharina ein hurerisches Verhältnis vor der Heirat unterstellt hatten, mussten sich entschuldigen. Und es war – wie viele Katholiken erhofft hatten – keine Missgeburt mit zwei Köpfen oder mit einem Ziegenfuß.

Luther wurde mit zunehmender Erfahrung ein großer Laudator der Ehe und der Kinder. Luther hatte zwar nicht aus sexuellem Verlangen geheiratet, hat aber in der Folgezeit die Sexualität als prächtige Gabe in der Ehe entdeckt. Vor- und außereheliche Sexualität, Homosexualität und Sidonie wie das Bordellwesen waren für ihn wider Gottes Ordnung, waren Hurerei. Je länger Luther sein Ehe- und Familienleben zu schätzen lernte, umso stärker wurden seine Verdikte über das Zölibat: Ehe zu verbieten und zu verdammen ist „gleich wenn man verbieten wollte Essen, Trinken, Schlafen etc.". Der Zwangszölibat sei ein Werk des Teufels.

Hören wir nun Luther selbst, wie er ohne Manuskript in seinen Tischgesprächen über die Ehe gesprochen hat:

„Luther sprach von seiner Heirat: Wenn ich vor vierzehn Jahren hätte heiraten wollen, dann hätte ich mir die Ave von Schönfeld, die jetzige Frau des Basilius Axt, ausgesucht. Die meine habe ich (damals) gar nicht geliebt; ich hatte sie immer in Verdacht, sie sei hochmütig. Aber Gott hat es so gewollt, dass ich mich der gänzlich Verlassenen erbarmte. Und durch Gottes Gnade schlug mir diese Ehe zum großen Glück aus. Ich habe eine treue Frau, wie Sal. (Spr. 31, 11) sagt: „Ihres Mannes Herz darf sich auf sie verlassen." Sie verdirbt mirs nicht. Ach, lieber Herrgott, die Ehe ist nicht etwas Natürliches oder Naturbedingtes, sondern sie ist ein Geschenk Gottes. Sie ist ein überaus liebliches Leben, sie ist ganz und gar keusch und steht höher als jeder Zölibat. Wenn's aber übel gerät, so ist es die Hölle. Obwohl die Frauen sich im Allgemeinen auf die Kunst verstehen, die Männer mit weinen, lügen und reden zu betören und sie alles fein verdrehen können, trotzdem – wenn diese drei Stücke im Ehestand bleiben: Treue, Kindersegen und göttliche Stiftung – dann ist der Ehestand reichlich gesegnet. Ach, wie sehnte ich mich in Schmalkalden, als ich auf den Tod krank lag, nach den Meinen! Ich dachte schon, ich würde Frau und Kinder nie wiedersehen. Wie schmerzlich war mir diese Trennung! Jetzt glaube ich gern, dass auch die Sterbenden solche natürlichen Neigungen empfinden. Aber nachdem ich nun wieder gesund geworden bin, liebe ich meine Frau und die Kinder nur umso mehr. Niemand ist so geistlich, dass er solche natürliche Liebe nicht fühlte. Denn das Bündnis zwischen einem Mann und einer Frau ist eine große Sache, sie beruht nämlich auf dem Naturgesetz und auf der göttlichen Ordnung und Einsetzung." (Al 9, 267 f.)

Oder:

„Beischlaf ergibt sich leicht, ... aber Kinder sind das lieblichste Pfand in der Ehe, die binden und erhalten das Band der Liebe. Es ist die beste Wolle am Schaf." (Henkys, 146)

Oder:

„Die Ehe ist sehr gut, dass Gott nicht will, dass die Ehe zerrissen werde, denn sonst würde sie zugrunde gehen und aufhören, die Sorge für die Kinder würde in Gefahr geraten und der Hausstand würde fallen, und danach würde auch das Weltregiment und die Religion vernachlässigt werden. Es ist aber die Ehe die Grundlage des Hauswesens, der öffentlichen Ordnung, der Religion." (Al 9, 268)

Geordnete und glückliche Ehen mit heranwachsenden Kindern sind das Fundament der gesamten Weltordnung. Weiter:

„Die höchste Gnade Gottes ist es, wenn in der Ehe die Liebe dauernd blüht. Die erste Liebe ist feurig, eine trunkene Liebe, mit der wir geblendet werden und wie die Trunkenen hinan gehen. Wenn wir die Trunkenheit ausgeschlafen haben, dann bleibt in den Frommen die echte Eheliebe, die Gottlosen aber haben ihre Reue." (ebd., 270)

Oder:

„Es gibt keine lieblichere Gemeinschaft als die einer guten Ehe und nichts ist schmerzlicher, als wenn eine gute Ehe (durch den Tod) aufgelöst wird. Am nächsten kommt dem der Tod der Kinder; das habe ich erfahren, wie wehe es tut!"

„Das bekümmert mich sehr, dass sich die Männer und Frauen so scheußlich anstellen, wenn eines von ihnen stirbt und doch den anderen so schnell vergessen und bald wieder heiraten." (ebd., 271)

Oder:

„Ich habe viele Paare Ehevolks gesehen, die in so großer Brunst zusammengekommen sind, dass sie einander vor Liebe haben fressen wollen; aber über ein halbes Jahr, da liefen sie wieder voneinander." (ebd., 271 f.)

Oder:

„Das erste Jahr der Ehe macht einem seltsame Gedanken. Denn wenn er am Tisch sitzt, denkt er: Vorher war ich allein, nun bin ich zu zweit. Wenn er im Bette erwacht, sieht er ein Paar Zöpfe neben sich liegen, welche er früher nicht sah." (ebd., 272)

Oder:

„Die Begierde kommt ohne besonderen Anlass wie Flöhe und Läuse; Liebe ist dann da, wenn wir anderen dienen wollen."

„Der Gehorsam des Fleisches dem Geist gegenüber – das hieße das Paradies selbst." (ebd., 274)

Oder:

„Wenn man heiraten will, soll man nicht nach dem Vater, sondern auch nach dem Leumund der Mutter des jungen Mädchens fragen. Warum? Weil das Bier im Allgemeinen nach dem Fass riecht." (ebd., 275)

Oder – jetzt kommt der Chauvinist:

„Frauen reden über die Dinge des Haushalts mit großer Liebe und außerordentlicher Beredsamkeit, und zwar so, dass sie sogar Cicero in den Schatten stellen. Was sie mit der Beredsamkeit nicht erreichen können, das setzen sie mit Tränen durch, wie auch Cicero sagt. Zu solcher Zungenfertigkeit sind sie wie geschaffen; denn sie sind darin viel geschickter als wir, die wir erst durch lange Übung und Beschäftigung damit dazu kommen. Aber wenn sie über ihre Haushaltsfragen hinaus über öffentliche Angelegenheiten reden, so taugt das nichts. Denn wenn es ihnen auch an Worten nicht fehlt, so fehlt es ihnen doch am richtigen Verständnis für die Sache – aber sie reden. Wenn sie daher über öffentliche Fragen sprechen, so ist das so wirr und unpassend, dass nichts darüber hinaus geht. Daher ist klar, dass die Frau für den Haushalt geschaffen ist, der Mann aber für das öffentliche Leben, für Kriegs- und Rechtsgeschichten." (ebd., 278)

Hier ist der sonst verstehende Luther ganz auf der Linie eines traditionellen Frauenverständnisses: Von Politik haben sie keine Ahnung. Das ist die Domäne der Männer.

Oder:

„Meine Frau kann mich überreden, sooft es ihr beliebt, denn sie hat in ihrer Hand allein die ganze Herrschaft. Ich gestehe ihr zwar gern die ganze Herrschaft im Hauswesen zu, aber ich will mein Recht auch unverletzt und uneingeschränkt haben, und Weiberregiment hat nie etwas Gutes ausgerichtet." (ebd., 278)

Oder:

„Es ist kein Rock, der einer Frau oder Jungfrau so übel ansteht, als wenn sie klug sein will."

„Wenn ich noch einmal freien sollte, wollte ich ein gehorsam Weib aus einem Stein hauen; sonst habe ich an aller Frauen Gehorsam verzweifelt."

„... ohne Frauen könnte es keinen Ehestand geben. Das beste Mittel gegen die Unzucht ist es zu heiraten, eine Frau ist der beste Gefährte fürs Leben. Frauen bringen die Kinder zur Welt, sie erziehen sie und regieren im Haus. Sie sind zur Barmherzigkeit geneigt; denn sie sind dazu geschaffen, Kinder zu gebären, die Männer zu erfreuen, barmherzig zu sein!"

„Am Weibe findet man viele Vorzüge zugleich: Den Segen des Herrn, die Nachkommenschaft, die Vertrautheit mit den Dingen, was alles so große Gaben sind, dass sie einem wohl erdrücken könnten. Stellt euch vor, es gäbe das weibliche Geschlecht nicht. Das Haus und was zum Haushalt gehört, würde zusammenstürzen, die Staaten und die Gemeinden gingen zugrunde. Die Welt kann also ohne Frauen nie bestehen, sogar wenn die Männer die Kinder selbst auf die Welt bringen könnten." (ebd., 279 f.)

Oder:

„Je mehr Kinder, umso größeres Glück. Unkraut wächst schnell, daher wachsen die Mädchen rascher als die Knaben." (ebd., 280)

Oder:

„... wenn einer ein Weib will nehmen, so lass ers ihm ein Ernst sein und bitt unsern Herrgott: Lieber Herrgott, ist es dein göttlicher Will, dass ich soll leben ohne Weib, so hilf du mir. Wo nicht, so bescher mir ein guts frommes Maidlein, mit dem ich mein Leben zubringe, das ich lieb habe und sie mich liebet! – Denn copula carnalis (die fleischliche Vereinigung), die tuts nicht. Es muss das da sein, dass Lebensart und Sinnesart zusammenstimmen. Die copula tuts nicht." (Henkys, 144)

Oder:

„Die Welt sieht nur die Schwächen der Welt und nicht, dass sie ein Schatzhaus ist. Und sind doch das Loch der Vulva heraus gekrochen alle Könige und Fürsten. Selbst Christus war dieser Weg nicht zuwider. Sollen also die Eheverächter sehen, wo sie bleiben: die Gartenbrüder, die es miteinander treiben. Ebenso die Papisten, die die Ehe lästern und trotzdem huren. Wenn sie sie doch in Teufels Namen wollten verachten, – dann müssten sie es aber wirklich tun und dürften den Huren nicht so den Hof machen. Ich selbst werde freilich als ein Liebhaber der Ehe sterben." (ebd., 145 f.)

An diesen Zitaten wird deutlich, dass Luther vor Widersprüchen und Einseitigkeiten nicht geschützt ist. Sichtbar wird bei ihm diese Spannung: Er kann die Ehe und die Frauen in höchsten Tönen preisen und sie gleichzeitig auf eherne Rollen beschränken. Seine eigenen Eheerfahrungen, die an vielen Punkten anders waren als die der meisten Zeitgenossen, korrigieren nicht seine prinzipielle Sicht in den Aufgabenbestimmungen und in der Wertigkeit der Frauen.

Sechs Kinder hat das Ehepaar Luther gehabt:
– Johannes (1526–1575)
– Elisabeth (1527–1528)
– Magdalena (1529–1542)
– Martin (1531–1565)
– Paul (1533–1593)
– Margarethe (1534–1570)

Wie war Luthers Verhältnis zu ihnen? Grundsätzlich lässt sich sagen: Gegenüber seinen eigenen Kindern stellte er hohe Anforderungen, entwickelte aber gleichzeitig zu ihnen ein nahes und herzliches Verhältnis. Dem ersten Sohn Johannes folgt die Tochter Elisabeth, die aber nur ein Jahr alt wird. Über die Fortschritte seines Erstgeborenen Johannes berichtet Luther:

„… hat heute gelernt, mit gebeugten Knien in jede Ecke zu kacken, ja, in der Tat hat er mit wundersamem Geschäft in jede Ecke gekackt."

Im gleichen Jahr werden vier Kinder von Luthers verstorbener Schwester und drei Neffen in die Wohngemeinschaft aufgenommen. Das dürfte von einem hohen Verantwortungsbewusstsein für die Großfamilie zeugen. Aber einige der Kinder haben Tante Käthe große Sorgen gemacht.

1530 lässt Luther sich ein vermutlich von Cranach gemaltes Bild der Tochter Magdalena auf die Coburg schicken, auf der er sich während des Augsburger Reichstags aufhielt. Er hat diese Tochter besonders geliebt.

1531 wird Sohn Martin geboren. Im gleichen Jahr kommt Luther wieder auf seine Käthe zu sprechen. Sie ist sein Dauerthema:

„Ich wollte meine Käthe nicht um Frankreich und Venedig dazu hergeben, erstens darum, weil Gott sie mir geschenkt und mich ihr gegeben hat; zweitens, weil ich oft erfahre, dass andere Frauen mehr Fehler haben als meine Käthe (obwohl sie auch einige hat, stehen ihnen doch viele große Tugenden entgegen); drittens, weil sie den Glauben des Ehestands, das ist Treue und Ehre, wahrt. So soll umgekehrt auch das Weib über den Mann denken." (Henkys, 31)

Und:

„Es gibt keine süßere Verbindung als die einer guten Ehe, und es gibt keine herbere Trennung als die einer guten Ehe. Dem kommt nur das Sterben von Kindern gleich; wie weh das tut, habe ich selbst erfahren."

Erfahren hat er diesen Schmerz beim Tod der Tochter Magdalena 1542, die dreizehn Jahre alt wurde und in seinen Armen gestorben ist.

So sehr der Vater seine Kinder geliebt hat, so streng war er in ihrer Erziehung. Johannes, der älteste Sohn, und die folgenden Söhne Martin und Paul wurden streng durch Tutoren im Unterricht gehalten und in frühen Jahren von Melanchthon in Sprachen und Theologie und vom Vater in Rhetorik unterrichtet. Hans (Johannes) wurde mit dreizehn Jahren Baccalaureus und nach Torgau zum Studium geschickt. Die ganze Erziehung war Einübung in Leistung.

Auch die Bestrafung der Kinder war hart bis brutal. Das Geschlagenwerden mit der „Rute" war allenthalben üblich. So sehr Luther einerseits der liebende Vater war, so war er andererseits ein strafender, unnachsichtiger Vater. Von Hans erwartete er ein Theologiestudium. Als dieser aber beschloss, Jura zu studieren, sagte der Vater: „Wenn du sollst ein Jurist werden, so wollt ich dich an einen Galgen hängen." Der Sohn wurde später ein fürstlicher Rat. Der Sohn Martin studierte Theologie, aber ohne Studienabschluss, da er große Alkoholprobleme hatte. Er starb mit sechsunddreißig Jahren. Karriere machte nur Sohn Paul, der ein erfolgreicher Mediziner an Fürstenhöfen wurde. Keiner der Söhne Luthers ist also trotz oder gerade wegen seiner harten Erziehung und unter dem Druck der hohen Erwartungen ein Nachfolger im Beruf des Vaters geworden. Die jüngste Tochter Margarethe heiratete den preußischen Rat von Kuhnheim und wurde Mutter von neun Kindern. Das hätte Luthers Wohlgefallen gehabt. Luther, der sich ansonsten in mehreren Schriften für eine gute Schulbildung auch für Mädchen einsetzte, durchbrach in der eigenen Erziehungspraxis nicht die übliche Rigidität in der alternativlosen autoritären Rollenzuweisung für Mädchen und Frauen.

Erstaunlich ist, dass Luther seiner Käthe ihre Eigenständigkeiten und selbstständigen Entscheidungen immer zugestanden hat. Ihr gegenüber war er nicht der Herr, sondern entwickelte Tendenzen zu einem mehr partnerschaftlichen Verhältnis in der Ehe. Und er konnte augenzwinkernd von ihr als seinem „Herrn Käthe" sprechen. Ihr gestand er die Ausnahme in seiner ansonsten patriarchalisch-autoritären Denkweise über die dienende Rolle der Frauen zu. Er konnte es sogar ertragen, wenn sie ihm gegenüber Widerspruch entwickelte.

Leider haben wir keine Zeugnisse über das Verhältnis von Katharina zu ihren Kindern. Sie hat vor Luthers Tod nichts Schriftliches hinterlassen. Sie jedenfalls hat die Hauptlast der alltäglichen Kinderpflege und Kindererziehung getragen, bis 1537 unterstützt von der „Muhme Lene", ihrer Tante. Ohne diese Frau sind Familie und Haushalt Luthers nicht zu denken. Luther ließ sich hin und wieder die Kinder in sein Arbeitszimmer bringen, scherzte etwas mit ihnen, aber vorrangig lernten sie bei ihm Stücke aus dem Katechismus und liturgisches wie profanes Singen. Wir wissen aber auch, dass die Kinder von Luther, Melanchthon und Jonas miteinander auf dem Klosterhof gespielt haben. In ihren pädagogischen Bemühungen wurden die Eltern zudem unterstützt von einer Reihe von Präzeptoren aus der größeren studentischen Hausgemeinschaft.

1537 erkrankte Luther schwer bei einem Aufenthalt in Schmalkalden. Hier schrieb er in Erwartung seines Ablebens ein Vermächtnis für Käthe, das er dann später 1542 erneuerte. Luther hatte zeit seines Lebens gesundheitliche Probleme, mit denen Katharina konfrontiert wurde. Als er einmal unter starken Kopfschmerzen litt, konnte er sagen:

„Ich hab der Welt satt, so hat sie mein wieder satt; des bin ich wohl zufrieden. Sie meinet, wenn sie nur mein los wäre, so wäre es gut; des wird sie wohl innen werden. Es ist doch, wie ich oft gesagt hab: Ich bin der reife Dreck, so ist die Welt das weite Arschloch; drum sein wir wohl zu scheiden. Ich dank dir, lieber Gott, dass du mich lässest unter deinem geringen Häuflein sein, die Verfolgung leiden um deines Wortes willen; denn die verfolgen mich ja nicht um Hurerei oder Wucherei willen, das weiß ich je gewiß." (Henkys, 42 f.)

1539 wütete wieder einmal die Pest in Wittenberg, die die Stadt und ihre Einwohner stark erschütterte. Das Schwarze Kloster wurde ein Spital. Käthe und Martin nahmen Pestkranke und Pestkrankverdächtige auf. Auch das Kind Hans musste wochenlang gepflegt werden.

1540 wird Katharina nach einer Fehlgeburt schwer krank. Nach ihrer Gesundung schreibt Luther an Justus Jonas:

„Meine Käthe grüßt euch ehrerbietig; sie hieß mich Euch bedeuten, dass sie, sitzend auf dem Throne ihrer Majestät in ihrem Hauswesen, wieder lerne zu zürnen und zu schelten und fast schon die nachlässige und ungehorsame Magd zu verwünschen ..."

Käthe ist wieder die Herrin im Hause und regiert die Hausangestellten. Luther hatte für seine Käthe das Gut Zülsdorf bei Lippendorf aus dem Familiebesitz der von Bora gekauft. Sie zieht mit den Kindern außer dem studierenden Hans für einige Zeit dorthin und richtet es neu ein. Sie ist abwechselnd in Wittenberg und Zülsdorf.

Als Dank für Zülsdorf legt Katharina am Schwarzen Kloster ein Sandsteinportal nach eigenem Entwurf an. Auf der einen Seite der Pforte ist Luthers Brustbild zu sehen, auf der anderen Seite sein Wappen: die weiße Rose mit dem roten Herzen und dem schwarzen Kreuz, umfasst vom goldenen Ring der Ewigkeit und die Inschrift: „Im Stillesein und Hoffen ruht meine Stärke." An beiden Seiten der Pforte sind zwei Sitze zum Ausruhen angebracht. Die wechselseitige Hochachtung kommt in diesen gegenseitigen Geschenken sichtbar zum Ausdruck.

Ein Höhepunkt in dem Verhältnis Luthers zu seiner Käthe ist das von ihm ohne juristische Beratung 1542 verfasste Testament, in der er seine Frau zur Universalerbin und zum Vormund der Kinder macht. Dieses Testament ist in der bisherigen deutschen Rechtsgeschichte ein seltenes Ereignis. Es spielt nach dem Tod Luthers 1546 für das Leben seiner Katharina eine große Rolle. Ins Hochdeutsche übertragen heißt es:

„Ich, Martinus Luther Doctor etc. bekenne mit dieser meiner eigenen Handschrift, dass ich meiner lieben und treuen Hausfrau Katharina gegeben habe zum Leibgedinge (oder wie man das nennen kann) auf ihr lebenslang, damit sie (es) nach ihrem Gefallen und zu ihrem Besten gebrauchen möge. Und gebe ihr das in Kraft dieses Briefes, gegenwärtigen und heutigen Tages, nämlich das Gütchen Zülstorff, wie ich dasselbe gekauft und zugerichtet habe, aller Dinge, wie ichs bis daher gehabt habe, zum andern das Haus Bruno zur Wohnung. So ich unter meins Wolffs Namen gekauft habe, zum

Dritten, die Becher und Kleinod, als Ringe, Ketten, Schenckgroschen, goldene und silberne, welche ungefähr sollten bei Tausend Gulden wert sein. Das tue ich darum:
Erstlich, dass sie mich als ein frommes, treues, ehrliches Gemahl allzeit lieb, wert und schön gehalten und mir durch reichen Gottes Segen fünf lebendige Kinder (die noch vorhanden; Gott gebe lange) geboren und erzogen hat.

Zum andern: dass sie die Schuld, so ich noch schuldig bin (wo ich sie nicht bei Leben ablege), auf sich nehmen und bezahlen soll. Welche mag sein ungefähr mit bewußt CCCL fl. Mögen sich vielleicht noch mehr finden.

Zum dritten: und allermeist darum, dass ich will, sie müsste nicht den Kindern, sondern die Kinder sollen ihr in die Hände sehen, sie in Ehren halten und unterworfen sein, wie Gott geboten hat. Denn ich hab wohl gesehen und erfahren, wie der Teufel wider die Gebot die Kinder hetzt und reizt, wenn sie gleich fromm sind, durch böse und neidische Mäuler, sonderlich wenn die Mütter Witwen sind, und die Söhne Ehefrauen und die Töchter Ehemänner kriegen und wiederum Schwiegermütter und Schwiegereltern sind selten eins.

Denn ich halt, dass die Mütter werden ihrer eigenen Kinder der beste Vormund sein und solch Gütlein und Leibgedinge nicht zu der Kinder Schaden oder Nachteil, sondern zu Nütz und Besserung gebrauchen, als die ihr Fleisch und Blut sind und sie unter ihrem Herzen getragen hat.

Und ob sie nach meinem Tode, genötigt oder sonst verursacht würde (denn ich Gott in seinen Werken und Willen kein Ziel setzen kann), sich zu verändern, und so traue ich doch und will hiermit solches Vertrauen haben, sie werde sich mütterlich gegen unser beider Kinder halten und alles treulich, es sei Leibgedinge oder anderes, wie recht ist, mit ihnen teilen.

Und bitte auch hiermit untertäniglich meinen gnädigsten Herrn Herzog Johann Friedrich Kurfürsten etc, seine kurfürstliche Gnaden wollten solche Begabung oder Leibgedinge gnädiglich schützen und handhaben.

Auch bitte ich alle meine guten Freunde, wollten meiner lieben Käthe Zeugen sein und sie entschuldigen helfen, wo etliche unnütze Mäuler sie beschweren oder verunglimpfen wollten, als sollte sie etwa eine Barschaft hinter sich haben, die sie den armen Kindern entwenden oder unterschlagen würde. Ich bin des Zeuge, dass da keine Barschaft ist, ohne die Becher und Kleinod, droben im Leibgedinge erzielt. Und zwar soll es bei jedermann die Rechnung öffentlich geben, weil man weiß, wie viel ich Einkommen gehabt von meinem gnädigsten Herrn und sonst nicht einen heller noch Körnlein von jemand einzukommen gehabt, ohne was Geschenk ist gewesen, welches droben unter den Kleinoden. Zum Teil auch noch in der Schuld steckt und zu finden ist.

Und ich doch von solchem Einkommen und Geschenk so viel gebaut, gekauft, große und schwere Haushaltung geführt, dass ich müsste neben andern selbst für einen sonderlichen wunderlichen Segen erkennen, dass ichs habe können erschwingen und nicht wunder ist, dass keine Barschaft, sondern dass nicht mehr Schuld da ist.

Dies bitte ich darum, denn der Teufel, so er mir nicht könnte näher kommen, sollte er wohl meiner Käthe allein der Ursachen, allerlei Weise suchen, dass sie des Mannes Dr. Martinus eheliche Hausfrau gewesen und (Gott lob) noch ist.

Zuletzt bitte ich auch jedermann, weil ich in dieser Begebung oder Leibgedinge nicht brauche der juristischen Form und Wörter (dazu ich Ursachen gehabt): Man sollte mich lassen sein die Person, die ich doch in der Wahrheit bin, nämlich öffentlich und die beide im Himmel, auf Erden, auch in der Hölle bekannt, Ansehen und Autorität genug hat, der man trauen und glauben mag mehr denn keinem Notar. Denn so mir verdammten, armen unwürdigen elenden Sünder Gott der Vater aller Barmherzigkeit, das Evangelium seines lieben Sohns vertraut, dazu mich auch treu und wahrhaftig drinnen gemacht, bisher behalten und befunden hat, also dass auch viel in der Welt daselbst durch mich angenommen und mich für einen Lehrer der Wahrheit halten, ungeachtet des Papstes Bann. Kaisers, Könige, Fürsten, Pfaffen, ja aller Teufel Zorn soll man ja viel mehr hier in dieser geringen Sache glauben, sonderlich weil hier ist meine Hand, fast voll bekannt der Hoffnung. Es soll genug sein, wenn man sagen und beweisen kann, das ist D. Martinus Luthers (der Gottes Notarius und Zeuge ist in seinem Evangelium) ernstliche und wohlbedachte Meinung mit seiner eigen Hand und Siegel zu beweisen.

Geschehen und gegeben am Tage Epiphanias 1542: Luther vts"
(Beglaubigt von Philipp Melanchthon, Caspar Cruciger und Johannes Bugenhagen) (abgedruckt in: Fabiny, Martin Luthers letzter Wille, 35 ff.)

Das Entscheidende ist, dass Luther hier gegen das bestehende Recht seine Frau als Alleinerbin einsetzt und ihr alle Besitztümer überschreibt. Und er will, dass sie auch die Vormundschaft über die Kinder übernimmt. Er will damit ihre Lebensleistung anerkennen, sowohl ihre Fähigkeiten im Erwerb der Güter und des Vermögens wie auch ihre Erziehungsleistungen. Alles ist Ausdruck seiner Anerkennung der geliebten Frau und Mutter. Natürlich wusste er, dass seine Hauptforderungen gegen das sächsische Recht waren. Er setzt auf ein Machtwort des Kurfürsten zugunsten seiner Frau. Frauen konnten nicht voll erben und den zurückgelassenen Kindern wurden Vormünder gegeben. Darin sah er eine Gefahr, dass seine Frau in der Erziehung der Kinder an den Rand gedrückt würde und in die Abhängigkeit fremder Männer geriete. Auch misstraute er aus der Erfahrung, ob die Kinder, wenn sie die Erben würden, immer ihre Mutter gerecht behandelten. Und es ist ihm daran gelegen, dass allen Missgünstigen durch die Offenlegung aller Besitz- und Geldverhältnisse unberechtigte Angriffe auf seine Käthe verwehrt würden. Er weiß sehr genau, dass Witwen in seiner Zeit einen schweren Stand haben. Seiner Katharina traut er zu, dass sie bei der Anwendung seines Testamentes treu zu ihren Kindern steht und die Besitz- und Geldangelegenheiten in Ordnung bringt. Sie hat sein ganzes Vertrauen.

Um dieses Testament hat es einen jahrelangen juristischen Streit gegeben, den nur ein im damaligen Recht versierter Interpret darstellen könnte. Vor allem der Kanzler des Kurfürsten Dr. Georg Brück (1483–1557) hat alles versucht, um die Stellung der Witwe Luthers zu schwächen. Schließlich wurden für die Kinder Vormünder eingesetzt, aber Käthe erreichte für sich günstige Regelungen für den Besitz und auch für die Zuständigkeit für ihre Kinder. Im Kurfürsten selbst hatte sie dabei den stärksten Rückhalt.

Für ihre Söhne konnte sie noch das Gut Wachsdorf kaufen. Hier betätigte sich Sohn Martin als Bierbrauer. Sie selbst konnte dank einer weiteren Abmachung mit dem Kurfürsten im Schwarzen Kloster wohnen bleiben und es neu mit Leben füllen. Ihren Besitz konnte sie weiterhin eigenständig verwalten. Der Dänenkönig stellte sogar einen jährlichen Ehrensold in Aussicht. Wie ihr in dieser Zeit im Ganzen zumute war, zeigt ein Brief an ihre Schwägerin Christine von Bora:

„Gnad und Fried von Gott dem Vater unseres lieben Herrn Jesu Christi, freundliche liebe Schwester. Dass ihr ein herzliches Mitleiden mit mir und meinen armen Kindern tragt, glaub ich leichtlich. Denn wer wollte nicht billig betrübt und bekümmert sein um einen solchen teuren Mann, als mein lieber Herr gewesen ist, der nicht allein einer Stadt oder einigen Land, sondern der ganzen Welt viel gedient hat. Derhalben ich wahrlich so sehr betrübt bin, dass ich mein großes Herzeleid keinem Menschen sagen kann und weiß nicht, wie mir zu Sinn und zu Mut ist. Ich kann weder essen noch trinken, auch dazu nicht schlafen. Und wenn ich hätte ein Fürstentum oder Kaisertum gehabt, sollte mir so leid nimmer mehr geschehen sein, so ich's verloren hätte, als nur unser lieber Herrgott mir und nicht nur allein mir, sondern der ganzen Welt diesen lieben und teuren Mann genommen hat. Wenn ich daran gedenke, so kann ich vor Leid und Weinen (das Gott wohl weiß) weder reden noch schreiben lassen." (Schilling, 596)

Im Sommer 1546 brach der Schmalkaldische Krieg zwischen dem protestantischen Fürstenbund und Kaiser Karl V aus, der mit der Niederlage des protestantischen Bündnisses endete. Im November floh Katharina mit den Kindern nach Magdeburg, aber schon im März 1547 kehrte sie nach Wittenberg zurück. Nach der Schlacht auf der Lochauer Heide vom 24. April 1547 und der Kapitulation von Wittenberg am 19. Mai floh sie nach Braunschweig, kam aber schon Anfang Juli wieder nach Wittenberg zurück. Eine Ausreise nach Dänemark war nicht geglückt. Bis 1552 lebte sie dann in der „Lutherstadt", versuchte die Kriegsschäden zu beseitigen und musste etliche Prozesse führen. Im Sommer 1552 brach in Wittenberg wieder eine Pest aus. Die Universität zog um in die neue kurfürstliche Residenz Torgau. Katharina blieb zunächst, sah sich aber im September auch zur Flucht nach Torgau gezwungen. Unterwegs erlitt sie einen Unfall mit ihrem Wagen und wurde schwer verletzt nach Torgau gebracht. Hier stirbt sie am 20. Dezember 1552. Am nächsten Tag bildet sich von ihrem Sterbehaus aus ein gewaltiger aus Bürgern, Professoren und Studenten bestehender Trauerzug zur Pfarrkirche von Torgau, in der sie in einer bewegenden Trauerfeier beigesetzt wird. Später wurde für sie ein großer Grabstein aus Sandstein angefertigt, der sie in Lebensgröße in einem langen Mantel und mit einem weißen Kopftuch zeigt. In der Hand hält sie ein offenes Buch, das auf die fromme eifrige Bibelleserin hinweisen soll. Oben über dem Kopf sind die Wappen von Luther und von Bora zu sehen. Um den Rand herum steht die Inschrift:

„Anno 1552 den 20. December Ist in Gott Selig entschlaffen alhier in Torgau Herrn D. Martini Luthers seligen Hinterlassene wittbe Katharina von Borau." Zu Ende gegangen war nicht ein Leben im Schatten Luthers, sondern ein eigenes Leben in Gemeinschaft mit ihm.

Literatur über Katharina von Bora
Walch, Christian Wilhelm: Wahrhaftige Geschichte der seligen Frau
    Catarina von Bora D. Martin Luthers Ehegattin, Halle 1851
Hirschfeld, Georg von: Die Beziehungen Luthers zu seiner Gemahlin,
    1883
Thoma, Albrecht D.: Katharina von Bora – Geschichtliches Lebensbild,
    Berlin 1900, Neudruck Berlin o. J.

Kroker, Ernst: Katharina von Bora, Leipzig 1906, Neudruck Berlin o. J.
Koppen, Luise: Katharina von Bora, Luthers Frau, Berlin/Leipzig 1917
Fabiny, Tobor: Martin Luthers letzter Wille. Das Testament des Reformators und seine Geschichte, Bielefeld 1983
Hermann, B. J.: Katharina Lutherin, geb. von Bora. Vom Teppich meines Lebens, Herford 1983
Winter, Ingelore M.: Katharina von Bora. Ein Leben mit Luther, Düsseldorf 1990
Koch, Ursula: Rosen im Schnee. Katharina Luther, geb. von Bora, Gießen 1995
Zeller, Eva: Die Lutherin, Stuttgart 1996
Frank, Jürgen: „Eine starke Frau". Katharina von Bora, die Lutherin. Ein Unterrichtsentwurf, in: Forum Religion 1999, H. 3
Klepper, Jochen: Die Flucht der Katharina von Bora, hg. von Karl Pagel, Stuttgart 2000
Jung, Martin H.: Nonnen, Prophetinnen, Kirchenmütter. Kirchen- und frömmigkeitsgeschichtliche Studien zu Frauen der Reformationszeit, Leipzig 2001
Treu, Martin: Waschhaus, Küche, Priorat. Die neuen archäologischen Funde am Wittenberger Lutherhaus, in: Luther 76 (2005), 132 ff.
Jäckel, Karin: Die Frau des Reformators. Das Leben der Katharina von Bora. Historischer Roman, Reinbek bei Hamburg 2006
Leppin, Volker: Luther privat, Darmstadt 2006
Luther und die Liebe – Tischgespräche über Kloster, Ehebett und Kinderzimmer, in: Luther 2007, H. 2
Strauchenbruch, Elke: Luthers Kinder, Leipzig 2010
Treu, Martin: Katharina von Bora, Wittenberg 2011
Correll, Thomas: Kochen im Hause Luther. Katharina von Bora und die Esskultur der Reformationszeit, Berlin 2015
Dehnerdt, Eleonore: Katharina. Die starke Frau an Luthers Seite, Gießen 2015
Koch, Ursula: Verspottet, geachtet, geliebt – die Frauen der Reformatoren, Neukirchen 2015
Mörken, Christian: Katharina von Bora – An der Seite von Martin Luther (CD)

IV. Luthers letzte Reisen nach Mansfeld und Eisleben und sein Tod

1545 wird für Martin und Käthe ein dramatisches Jahr. Luther unternimmt im Juli und August 1545 aus Ärger über Wittenberger Verhältnisse Reisen nach Zeitz, Merseburg, Halle und Leipzig. In seinem Brief vom 28. Juli 1545 aus Zeitz an seine Käthe wird deutlich, was ihn bewegte:

„Meiner freundlichen lieben Hausfrau, Katharina Luthers von Bora, Predigerin, Brauerin, Gärtnerin und was sie mehr sein kann.

Gnade und Frieden! Liebe Käthe, wie unserer Reise gegangen ist, wird Dir Hans alles wohl sagen, wiewohl ich noch nicht gewiss, ob er bei mir bleiben soll; sonst werden's Doktor Caspar Cruciger und Fernandus wohl sagen. Ernst von Schönfeld hat uns zu Löbnitz schön ausgehalten, noch viel schöner Heinz Scherl zu Leipzig.

Ich wollts gerne so machen, dass ich nicht brauchte wieder nach Wittenberg zu kommen. Mein Herz ist erkaltet, dass ich nicht gern mehr dort bin. Ich wollte auch, dass Du Garten und Hufe, Haus und Hof verkauftest. Ebenso wollte ich M. G. H. (meinem gnädigsten Herrn) das große Haus wieder schenken. Und es wäre Dein Bestes, dass Du nach Zülsdorf übersiedeltest, dieweil ich noch lebe. Ich könnte Dir mit der Besoldung wohl helfen, das Gütlein zu bessern. Denn ich hoffe, M. G. H. soll mir die Besoldung, mindestens für das letzte Jahr meines Lebens verabfolgen lassen. Nach meinem Tode werden Dich die vier Elemente zu Wittenberg doch nicht wohl leiden, darum wäre es besser bei meinen Lebzeiten getan, was denn zu tun sein will. Vielleicht wird Wittenberg, wie sich's anlässt, mit seinem Regiment nicht St. Veits Tanz, noch Johannis Tanz, sondern den Bettlertanz oder Beelzebubs Tanz kriegen, wie sie angefangen haben, die Frauen und Jungfrauen hinten und vorn zu entblößen, und niemand ist, der da strafe oder wehre, und wird Gottes Wort dazu gespottet. Nur weg und aus diesem Sodom!

Ich habe auf dem Lande mehr gehört, als ich zu Wittenberg erfahre, darum bin ich der Stadt müde und will nicht wiederkommen, wozu mir Gott helfe.

Übermorgen werde ich nach Merseburg fahren, denn Fürst Georg hat mich sehr darum bitten lassen. Will also umherschweifen und lieber das Bettelbrot essen, ehe ich meine armen, alten letzten Tage mit dem unordentlichen Wesen zu Wittenberg martern und beunruhigen will, unter Verlust meiner sauren, teuren Mühe. Du kannst solches (wo Du willst) Doktor Bugenhagen und

Mag. Philipp wissen lassen, und fragen, ob D. Bugenhagen hiermit Wittenberg in meinem Namen Lebewohl sagen wollte. Denn ich kann den Zorn und Unlust nicht länger leiden. Hiermit Gott befohlen" (B/E VI, 262 f.)

Ein Krisenbrief, der einen traurigen, wütenden und resignierten Luther zeigt. Er ist über die Entwicklung seiner Stadt so enttäuscht, dass er mit Vorbereitungen beginnt, sie mit seiner ganzen Familie zu verlassen. Er will lieber ein unstetes Leben führen, als in ihr noch zu Hause zu sein. Was war passiert? Die Stadt Wittenberg hatte sich angesichts ihrer Bedeutung für den Fortgang der Reformation enorm vergrößert. Es wurde ein protestantischer Wallfahrtsort. Immer mehr Studenten strömten an die bekannt gewordene Universität. Die Einheimischen richteten sich auf diesen Ansturm ein. Aber ein großer Teil der Einheimischen und der Studenten beteiligte sich an der Entwicklung einer Freizeit- und Vergnügungswelt, die die alte Ordnung von strengen Sitten und Gebräuchen durcheinanderbrachte. Wo Studenten sind, vermehrt sich die Anzahl von Gasthäusern und Spelunken, entwickeln sich ein blühendes Sexualleben und Bordellwesen. Luther muss zusehen, dass dieser Entwicklung vom städtischen Rat und von der kurfürstlichen Obrigkeit keine Grenzen gesetzt werden. In seinem Denken hat die Obrigkeit die Aufgabe, der öffentlichen Unmoral mit entsprechenden gesetzlichen Verordnungen entgegenzutreten. Wie er Wittenberg sieht, zeigt die folgende längere Aufzeichnung einer Tischrede:

„Wider die Huren und Speckstudenten.

Es hat der Teufel durch unseres Glaubens sonderliche Feinde etliche Huren hierher geführt, die arme Jugend zu verderben. Dem zuwider ist noch als eines alten, treuen Predigers an euch, liebe Kinder, meine väterliche Bitt, dass ihr wollt gar gewisslich glauben, dass der böse Geist solche Huren hierher sendet, die da grätzig, schäbig, stinkend, garstig und französisch sein, wie sich täglich leider in der Erfahrung findet. Dass doch ein gut Gesell den andern warne! Denn eine solche französische Hure zehn, zwanzig, dreißig etc. frommer Leute Kinder vergiften kann, ist derhalben zu rechnen als eine Mörderin und ärger als eine Vergifterin. Helfe doch in solchem giftigen Geschmeiß einer dem andern mit treuen Raten und Warnen, wie du wollest dir getan haben.

Werdet ihr aber solche väterliche Vermahnung verachten, so haben wir gottlob einen solchen löblichen Landesfürsten, der züchtig und ehrlich, aller Unzucht und Untugend fein ist, dazu eine schwere Hand hat, mit dem Schwert gewappnet, der seine Speck und Fischerei, dazu die ganze Stadt wohl wird wissen zu reinigen, zu Ehre dem Wort Gottes, dass Sein Kurfürstliche Gnaden mit Ernst angenommen, bis daher mit großer Gefahr und Unkosten dabei geblieben ist. Darum rat ich euch Speckstudenten, dass ihr euch beizeit trollt, ehe es der Landesfürst erfahre, was ihr mit den Huren treibt. Denn Sein Kurfürstliche Gnaden habens nicht leiden wollen im Lager vor Wolfenbüttel; wie viel weniger wird ers leiden in seinem Holz, Stadt und Land. Trollt euch, das rat ich, je eher, je besser. Wer nicht ohne Huren leben will, der mag heimziehen und wohin er will. Hier ist eine christliche Kirche und Schule, dass man soll Gottes Wort lernen, Zucht und Tugend. Wer ein Hurentreiber will sein, der kann es wohl anderswo bekommen. Unser Herr Kurfürst hat diese Universität nicht gestiftet für Hurenlager und Hurenhäuser, das wißt euch nach zu richten!

Und ich musste töricht reden. Wenn ich ein Richter wäre, so wollt ich eine solche giftige französische Hure rädern und ädern lassen. Denn es ist nicht auszureden, was Schaden eine solche unflätige Hure bei dem jungen Blut, das sich an ihr so jämmerlich verderbt, ehe es ein recht Mensch ist geworden. Die jungen Narren meinen, sie müssen nicht leiden; sobald sie eine Brunst fühlen, soll eine Hure da sein! Die alten Väter nennens impatientiam libidis, heimlich leiden. Es muss ja nicht alles so balde gebüßt sein, was einen gelüstet. Es heißt: Wehre dich, folge nicht deinen bösen Gelüsten (Sirach 18, 30). Kannst doch in ehelichem Stand nicht sogleich zugehen. Summa, hüte dich vor Huren und bitt Gott, der dich geschaffen hat, dass er dir ein frommes Kind zufüge; es wird doch Müh genug haben. Ich habe gesprochen. Wie du willst, das Wort Gottes steht fest (1. Korinther 10, 8; 4. Mose 25, 1 ff.)." (Henkys, 139 f.)

Aber es änderte sich nichts in Wittenberg. Diese sodomitisch gewordene Stadt will Luther verlassen. Zuvor aber muss die familiäre Zukunft gesichert werden: Verkauf allen Eigentums und Umzug von Käthe mit ihren Kindern auf den erworbenen Altersruhesitz Zülsdorf, Abbruch aller Beziehungen zu Wittenberg. Luther sieht hier keinen Platz mehr für sich und seine Sache, die er verraten sieht. Resignative Untertöne sind bei ihm nicht mehr zu verkennen.

Luthers Absicht, die Stadt, die er durch sein Wirken bekannt und berühmt gemacht hat, aus Enttäuschung und Protest gegen ihren sittlichen Niedergang zu verlassen, war natürlich bekannt geworden.

Am 18. August 1545 kommt es in Torgau, der Residenz des Kurfürsten, zu einer Unterredung Luthers mit dem Kurfürsten, der bereit ist, nun Verordnungen gegen das unsittliche Treiben in Universität und Stadt zu erlassen. Luther kehrt auf diese Zusage hin nach Wittenberg zurück. Aber seine Monate hier sollten gezählt sein. Die geschlagenen Wunden sind nie mehr geheilt worden. Luther ist von seiner Stadt Wittenberg, von der die Reformation ausging und die er bekannt gemacht hatte, nicht in Frieden geschieden.

Vom 3. bis 11. Oktober 1545 reist er mit Melanchthon und Jonas nach Mansfeld zur Schlichtung eines Streites zwischen den Mansfelder Grafen Gebhard und Albrecht, die aber erfolglos blieb. Der Streit zwischen den beiden Grafen von Mansfeld lässt ihn, den Mansfelder Jungen, nicht in Ruhe. Erneut reist er vom 22. Dezember 1545 bis zum 7. Januar 1546 zusammen mit Melanchthon und in Begleitung seiner Söhne über Halle und Eisleben nach Mansfeld. Die Söhne lernen die Geburtsstadt ihres Vaters und die zahlreichen Verwandten im Umfeld kennen. Die Vermittlungsverhandlungen, in denen die Juristen eine für Luther unangenehme Rolle spielen, verlaufen nur schleppend und wieder ohne Ergebnis. Es ging um Fragen der Besitzverhältnisse im Bergbau und um Ordnungsfragen der evangelischen Kirche in der Grafschaft.

Luther, der die Grafschaft Mansfeld immer für seine eigentliche Heimat gehalten hat, macht sich entgegen dem Rat seiner Käthe noch einmal am 23. Januar 1546 auf eine Winterreise. Sein Gesundheitszustand war schon äußerst kritisch: Er hatte ständig Kopfschmerzen und Verdauungsstörungen, hatte Nieren- und Blasenleiden. Er litt unter Herzschwächen, hatte Ohnmachtsanfälle und Probleme mit dem linken Auge. Dazu kam eine vom Arzt geöffnete Beinwunde, mit der man mithilfe eines Ätzmittels Stauungen im Blutkreislauf verhindern wollte. Es sollte eine strapaziöse Reise für den Zweiundsechzigjährigen werden. Über den Gang der Reise sind wir gut informiert, weil Luther mehrere Briefe an seine Käthe und Melanchthon geschrieben hat. Mit ihm reisten wieder seine drei Söhne und ab Halle Justus Jonas.

Luthers erster Brief an Käthe ist vom 25. Januar 1546:

„Meiner freundlichen lieben Käthe Luther, Brauerin und Richterin auf dem Saumarkt zu Wittenberg zu Händen. Gnade und Friede im Herrn! Liebe Käthe! Wir sind heute um acht Uhr aus Halle abgefahren, aber nicht nach Eisleben gekommen, denn es begegnete uns eine große Wiedertäuferin mit Wasserwogen und großen Eisschollen, die bedrohte uns mit der Wiedertaufe und hat das Land bedeckt. Ebenso konnten wir auch nicht wieder zurück wegen der Mulde und müssen hier zu Halle zwischen den Wassern gefangen liegen. Nicht, dass uns danach dürstete, (sie) zu trinken, wir nehmen dafür gutes Torgauer Bier und guten rheinischen Wein, damit laben und trösten wir uns so lange, bis die Saale wieder zu zürnen aufhören wollte. Denn weil die Leute und der Fährmeister selbst kleinmütig waren, haben wir uns nicht ins Wasser begeben und Gott versuchen wollen. Denn der Teufel ist uns gram und wohnet im Wasser. Es ist besser sich vorgesehen als (nachher) geklagt, und es ist nicht nötig, dass wir dem Papst samt seinem Anhang eine Narrenfreude machen sollten. Ich hätte nicht gemeint, dass die Saale eine solche Überschwemmung anrichten könnte, dass sie über die Steine und alles hinweg so rumpeln sollte. Für jetzt nicht mehr. Betet für uns und seid fromm. Ich glaube: wärest Du hier gewesen, so hättest Du uns auch geraten, so zu tun. (Das schreibe ich), damit Du siehst, dass wir Deinem Rat auch einmal folgen. Hiermit Gott befohlen. Amen" (Al 10, 336)

Auf der Kanzel der Stadtkirche in Halle hält er eine leidenschaftliche Predigt gegen das Papsttum und dessen Trabanten, gegen das Reliquienwesen und für den Glauben an das Wort Gottes und an Gottes Gnade. Heftig polemisierte er gegen seinen früheren Hauptgegner Albrecht von Brandenburg, den Mainzer Kardinal, der für ihn der Inbegriff des verblendeten und unverantwortlichen Kirchenmannes war.

Am 28. Januar erreichte die Reisegruppe Eisleben. Luther wohnte im Hause des Dr. Drachstedt am Marktplatz, nicht weit vom gräflichen Stadtschloss. Hier führte er eine Reihe von Gesprächen, um sein Ziel, die beiden zerstrittenen Grafen zu Vereinbarungen zu bringen, zu erreichen. Er labte sich an dem guten Essen, das durch Geschenke der Grafen bereichert wurde: Bier, Wein, Wildbret und Fische. Die Grafen bekundeten ihren Einigungswillen, aber immer wieder gab es Gespräche mit den Hofleuten und Juristen der beiden Parteien, die ihn wegen ihrer Argumente manchmal unwirsch werden ließen.

Wie immer auf seinen Reisen predigte er auch in der Stadtkirche St. Andreas. Vom 30. Januar bis zum 15. Februar 1546 hielt er vier durchaus lange Predigten. Die Themen der ersten drei:
– Christologie und Ekklesiologie
– Das Schicksal Mariens und die Mütter
– Über die Fleischesschwäche und die Gnade

Ein erster Reisebericht geht am 1. Februar an Melanchthon:
„Auf der Reise befiel mich eine Ohnmacht und zugleich auch ein Herzanfall. Ich lief nämlich zu Fuß. Aber (es ging) über meine Kräfte, so dass ich schwitzte. Weil danach durch den Schweiß auch das Hemd im Wagen durchkältet war, griff die Kälte einen Muskel des linken Arms an. Daher jene Beklemmung des Herzens und gewissermaßen das Fortbleiben des Atmens. Schuld daran ist meine Torheit (zu Fuß zu gehen). Aber jetzt fühle ich mich

wieder ganz leidlich. Wie lange, dass weiß ich nicht, weil dem Alter nicht zu trauen ist, zumal auch die Jugend nicht ganz sicher ist.

Bisher hat Gott wenigstens gegeben, dass alle Grafen und jeder Einzelne unter ihnen gegeneinander außerordentliches Wohlwollen zeigen; betet, dass Gott dieses erhalte und mehre. Morgen, nachdem nun Enkelados und Typhoeus überwunden sind, werden wir die übrigen Dinge weiter verfolgen, wobei wir den Pucher in Verdacht haben, dass er uns etwas zu schaffen machen wird. Gott aber lebt, der möge auch den Sieg behalten. Amen. Gehab Dich wohl im Herrn, lieber Philippus, und grüße alle, den Herrn Pastor (Bugenhagen), den Herrn Cruciger, für deren Gebete wir Dank sagen und zu denen wir Vertrauen haben, dass Gott sie erhört." (Al 10, 336 f.)

Hier nennt Luther die Namen derer, die durch alle Zeiten trotz gelegentlicher Kontroversen, die sie auch miteinander gehabt haben, seine engsten Freunde und Mitstreiter geblieben sind: Melanchthon – Bugenhagen – Cruciger.

Am 1. Februar folgt auch ein Brief an Käthe:

„Meiner herzlieben Hausfrau, Katharin Lutherin, Doktorin, Zülsdorferin, Saumarkterin, und was sie mehr sein kann. Gnad und Friede in Christo und meine alte, arme Liebe und, wie E. G. weiß, unkräftige, zuvor! Liebe Käthe! Ich bin wahrlich schwach gewesen, auf dem Weg hart vor Eisleben, das war meine Schuld. Aber wenn Du wärest da gewesen, so hättest Du gesagt, es wäre der Juden oder ihres Gottes Schuld gewesen. Denn wir mussten durch ein Dorf hart vor Eisleben, darinnen viel Juden wohnen; vielleicht haben sie mich so hart angeblasen. So sind hier in der Stadt Eisleben jetzt diese Stund über fünfzig Juden wohnhaft. Und wahr ist's: Da ich an dem Dorf vor-bei-fuhr, ging mir ein solch kalter Wind hinten zum Wagen hinein auf meinen Kopf durch's Barett, als wollte mir's das Hirn zu Eis machen. Solches mag mir zum Schwindel etwas geholfen haben. Aber jetzt bin ich, Gott Lob, wohlauf, nur dass die schönen Frauen mich so hart anfechten, dass ich weder Sorge noch Furcht habe vor aller Unkeuschheit.

Wenn die Hauptsachen geschlichtet wären, so muss ich mich dranlegen, die Juden zu vertreiben; Graf Albrecht ist ihnen Feind und hat sie schon preisgegeben. Aber noch tut ihnen niemand etwas. Will's Gott, ich will auf der Kanzel Graf Albrecht helfen und sie auch preisgeben.

Ich trinke Naumburgisch Bier, fast des Geschmacks, den Du am Mansfelder mir einst gelobt hast. Es gefällt mir gut, macht mir des Morgens wohl drei Stuhlgänge in drei Stunden. Deine Söhnchen sind gen Mansfeld gefahren vorgestern, weil sie Hans von Jena so demütlich gebeten hatte; weiß nicht, was sie da machen. Wenn's kalt wäre, könnten sie helfen frieren; da es nun warm ist, könnten sie wohl anderes tun oder leiden, wie es ihnen gefällt. Hiermit Gott befohlen samt allem Hause, und grüße alle Tischgesellen. Vigilia purificationis (am Tage von Marias Reinigung) 1546. M. Luther, Dein altes Liebchen." (B/E VI, 267 f.)

Luther schildert ihr seinen Schwächeanfall aus eigener Schuld, meint aber zu wissen, wie Käthe den Vorfall interpretiert hätte, nämlich als Anschlag der Juden auf sein Leben. Sie übertraf noch ihren Gemahl in der Angst vor den teuflischen Kräften der Juden. Luther nimmt die Geschichte von der Durchfahrt durch ein jüdisches Dorf und sein Wissen, dass auch in Eisleben Juden leben, zum Anlass, den Grafen ihre Entfernung aus der Grafschaft öffentlich zu empfehlen. Das geschah auch am 1. Februar in einer „Vermahnung wider die Juden", die sich an die „Herren" richtete:

„Nachdem ich nun eine Zeitlang allhie gewesen und euch gepredigt habe, auch nun anheim muss und vielleicht euch nicht mehr predigen kann, so will ich euch hiermit segnen und gebeten haben, dass ihr fleißig bei dem Wort bleibt, das euch eure Prediger und Pfarrherrn von der Gnade Gottes getreulich lehren und euch auch gewöhnt zum Beten, dass euch Gott vor allen Weisen und Klüglingen behüten wolle, so die Lehre des Evangeliums verachten, denn sie oft viel Schaden getan und noch tun möchten.

Über andere habt ihr auch noch die Juden im Lande, die da großen Schaden tun. Nun wollen wir christlich mit ihnen handeln und bieten ihnen erstlich den christlichen Glauben an, dass sie den Messias wollen annehmen, der doch ihr Vetter ist und von ihrem Fleisch und Blut geboren und rechter Same Abrahams, des sie sich rühmen; wiewohl ich Sorge trage, das jüdische Blut sei nun mehr wässerig und wild geworden. Das sollt ihr ihnen erstlich anbieten, dass sie sich zu dem Messias bekehren wollen und sich taufen lassen, dass man sehe, dass es ihnen ein Ernst sei; wo nicht, so wollen wir sie nicht leiden. Denn Christus gebietet uns, dass wir uns sollen lassen taufen und an ihn glauben. Ob wir gleich nun so stark nicht glauben können, wie wir wohl sollten, so trägt doch Gottes Gnade mit uns.

Nun ists mit den Juden also getan, dass sie unsern Herrn Jesum Christum nur täglich lästern und schänden. Dieweil sie das tun, und wir wissens, so sollen wir sie nicht leiden. Denn soll ich den bei mir leiden, der meinen Herrn Christum schändet, lästert und verflucht, so mache ich mich fremder Sünden teilhaftig, so ich doch an meinen eigenen Sünden gnug habe. Darum sollt ihr,

Herren, sie nicht leiden, sondern sie wegtreiben. Wo sie sich aber bekehren, ihren Wucher lassen und Christum annehmen, so wollen wir sie gerne als unsere Brüder halten.

Anders wird nichts draus, denn sie machens zu groß. Sie sind unsere öffentlichen Feinde, hören nicht auf, unsern Herrn Christum zu lästern, heißen die Jungfrau Maria eine Hure, Christum ein Hurenkind, uns heißen sie Wechselbälge oder Mondkälber, und wenn sie uns alle könnten töten, so täten sie es gerne. Und tuns auch oft, sonderlich die sich für Ärzte ausgeben, ob sie gleich ja zu Zeiten helfen; denn der Teufel hilfts doch zuletzt versiegeln. So können sie die Arznei auch, so man in Welschland kam, da man einem ein Gift beibringet, davon er in einer Stunde, in einem Monat, in einem Jahr, ja in zehn oder zwanzig Jahren sterben muss. Die Kunst können sie.

Darum seid unverworren mit ihnen, als mit denen, die da nichts anders bei euch tun, denn dass sie unsern lieben Herrn Jesum Christum gräulich lästern, stehen uns nach Leib, Leben, Ehre und Gut. Dennoch wollen wir die christliche Liebe an ihnen üben und für sie bitten, dass sie sich bekehren, den Herrn annehmen, den sie vor uns billig ehren sollten. Welcher solchs nicht tun will, da setze es in keinen Zweifel, dass er ein verböster Jude ist, der nicht ablassen wird, Christum zu lästern, dich auszusaugen und (wo er kann) zu töten.

Darum bitte ich, wollet euch fremder Sünde nicht teilhaftig machen, ihr habt gnugsam Gott zu bitten, dass er auch gnädig sei und euer Regiment erhalte; wie ich noch täglich bete, und ducke mich unter dem Schirm des Sohns Gottes, den halte und ehre ich für meinen Herrn, zu dem muss ich laufen und fliehen, wo mich der Teufel, die Sünde oder ander Unglück anficht; denn er ist mein Schirm, so weit Himmel und Erden ist, und meine Gluckhenne, darunter ich krieche vor Gottes Zorn. Darum kann ich mit den verstockten Lästerern und Schändern dieses lieben Heilands keine Gemeinschaft noch Geduld haben.

Das habe ich als Landeskind euch zur Warnung wollen sagen zur Letzte, dass ich euch fremder Sünde nicht teilhaftig macht; denn ich meine es ja gut und treulich, beides, mit den Herren und Untertanen. Wollen sich die Juden zu uns bekehren und von ihrer Lästerung und was sie uns sonst ge-tan haben, aufhören, so wollen wir es ihnen gerne vergeben; wo aber nicht, so sollen wir sie auch bei uns nicht dulden noch leiden." (MA 6, 426 f).

Luthers Intention ist klar: Er will ein Gemeinwesen, sei es die Stadt oder eine Grafschaft, das in seiner organisierten Kirchlichkeit und in seinem kirchlichen Bekenntnis einheitlich ist. Die Altgläubigen waren evangelisch geworden, nur die Juden hatten sich noch nicht zum reformatorischen Glauben bekannt. Sie waren religiöse Fremdkörper und sie brachten durch ihr andersartiges tägliches Verhalten Unruhe in das gesellschaftliche Zusammenleben. Sie betrieben Wucher und brachten Christen in ihre ökonomische Abhängigkeit.

Aber es sind bei Luther die Abweichungen und Praktiken der Juden nicht der Kern seiner Ablehnung. Er muss sie aus religiösen Gründen ablehnen, wenn sie nicht auf das Angebot, sich taufen zu lassen und sich als Christen im Glauben und im Leben zu verstehen, eingehen. Ihre Schuld ist die Lästerung Christi und seiner Mutter Maria. Und er glaubt an ihre geheime Absicht, die Christen zu töten, wenn sie es könnten. Diesen jüdischen religiösen Lästerern, diesen Wucherern und diesen potenziellen Gewalttätern gegenüber hat die Obrigkeit die Pflicht, sie aus dem Land auszuweisen. Es geht nicht um ihre Vernichtung, sondern um ihre von der Obrigkeit sanktionierte und organisierte Ausweisung. Verhindern können die Juden das nur, wenn sie sich bekehren lassen und Glieder der evangelischen Gemeinde als der Christenheit vor Ort werden.

Diese Vermahnung „wider die Juden" zeigt deutlich, dass Luther sich nicht vorstellen konnte, dass verschiedene Religionsgemeinschaften nebeneinander leben können. Einheitlichkeit nach innen und Abgrenzung nach außen waren für ihn rechtliche Notwendigkeiten, um einen inneren religiösen, politischen und gesellschaftlichen Frieden zu ermöglichen und zu garantieren. Dem politischen Territorium musste eine evangelische Landeskirche auf der Grundlage der reformatorischen Bekenntnisschriften entsprechen.

Anfang Februar gingen die zähen Verhandlungen mit den beiden Parteien weiter. Sein nächster Brief an Käthe vom 6. Februar zeigt, dass er mit Denkweisen konfrontiert wird, die ihm bisher fremd waren. Nur das gute Essen und Trinken scheinen den unangenehmen Rechtshandel etwas ertragen zu lassen:

„Der tiefgelehrten Frau Katharina Luther, meiner gnädigen Hausfrau zu Wittenberg. Gnade und Friede! Liebe Käthe! Wir sitzen hier und lassen uns martern und wären wohl gern davon, aber es kann noch nicht sein (wie mich dünkt) vor acht Tagen. Mag. Philipp kannst Du sagen, dass er seine Postille korrigiere, denn er hat nicht verstanden, warum der Herr im Evangelium die Reichtümer Dornen nennet (Luk. 8, 14). Hier ist die Schule, da man solches verstehen lernet. Aber mir grauet, dass allewege in der Schrift den Dornen das Feuer angedroht wird. Darum habe ich desto größere Geduld, ob ich mit Gottes Hilfe etwas Gutes ausrichten möchte. Deine Söhnchen sind noch zu

Mansfeld. Sonst haben wir zu fressen und zu saufen genug und hätten gute Tage, wenn der verdrießliche Handel nicht wäre. Mich dünkt, der Teufel spotte unser, Gott wolle ihn wieder verspotten. Amen. Bittet für uns. Der Bote eilte sehr. Martinus Luther, D." (B/E VI, 268 f.)

Eins kommt hier wieder zur Sprache: sein Misstrauen gegenüber dem Reichtum, der die Menschen hindert, sich mitmenschlich zu verhalten. In seinem Fall der Vermittlung zwischen zwei reichen Grafen (Besitzer von Grund und Boden wie Besitzer und Verpächter von Bergwerken) sieht er sich als einen, der vielleicht Gutes und Friedenstiftendes tun kann. Noch einmal in seinem Leben durchleidet der anthropologische Realist Luther, wie es um die Hartherzigkeit und Eigensucht selbst zwischen Glaubensbrüdern bestellt sein kann. Vor seinem Tod durchleidet er noch einmal „die Welt". Resignation und Trauer machen sich in ihm breit.

Das zeigt Luthers Brief vom 6. Februar an Melanchthon:

„Dem hochberühmten Mann, Doktor Philipp Melanchthon, dem getreuen Diener Gottes, seinem liebsten Bruder.

Gnade und Frieden! Wir sitzen hier und liegen herum müßig und geschäftig, mein lieber Philippus: müßig, da wir nichts ausrichten; geschäftig, da wir Unendliches ertragen, da uns die Nichtswürdigkeit des Satans zu schaffen macht. Unter so vielen Wegen sind wir schließlich zu einem gelangt, der Hoffnung verhieß. Diesen hat wiederum der Satan verbaut. Einen anderen beschritten wir daraufhin, auf dem wir schon alles erledigt glaubten. Diesen hat wiederum der Satan verbaut. Ein dritter wurde eingeschlagen, der völlig sicher scheint und als könne er nicht trügen. Aber vom Ende her wird man das Getane werten.

Ich wünsche dringend und bitte Dich, dass Du mit Doktor Brück beim Kurfürsten betreibst, dass er mich brieflich nach Hause rufe aus dringenden Gründen. Vielleicht kann ich auf diese Weise erzwingen, dass sie die Einigung beschleunigen. Ich fühle nämlich, sie können meinen Fortgang nicht ertragen, wenn die Dinge nicht erledigt sind. Ich will ihnen noch diese Woche geben, dann will ich ihnen mit dem Brief des Fürsten drohen. Heut ist bald der zehnte Tag, dass wir angefangen haben, für die Neustadt eine Regelung zu finden. Ich glaube, sie ist mit viel geringeren Sorgen gegründet worden, als sie von uns mit einer Regelung bedacht werden kann. Es herrscht ein derartiges Misstrauen auf beiden Seiten, dass man in jeder Silbe argwöhnt, es werde einem Gift vorgesetzt. Du magst sagen, das sei Logomachia oder Logomania. Das hat man den Juristen zu verdanken, die die Welt gelehrt haben und noch

77

lehren so viele Gleichklänge, Sophistereien und Kniffe, dass ihr Gerede viel konfuser ist als ganz Babylon. Dort nämlich konnte einer den anderen verstehen, hier will keiner den anderen verstehen. O Verleumder, o Sophisten, Pest des menschlichen Geschlechts! Zornig schreibe ich; ich weiß nicht, ob ich nüchtern richtiger schriebe. Aber Gottes Zorn sieht auf unsere Sünden. „Der Herr wird sein Volk richten, aber seinen Knechten wird er gnädig sein" (Ps. 135, 14), Amen.

Wenn das Juristenkunst ist, so wäre es nicht Not, dass ein Jurist so stolz sein sollt, wie sie alle sind. Jesaja Kap. 3 herrscht: „Der Herr wird wegnehmen von Juda und Jerusalem den Mann" usw. Lebe wohl und bete für mich. Am Dorotheentage 1546" (B/E VI, 269 f.)

Der Gegenspieler führt für Luther mal wieder das Regiment. Alle Einigungsversuche scheitern im letzten Moment. Doch der Satan, der hier seine Friedlosigkeit voll entfalten kann, hat seine ausführenden Organe: die Juristen. Sie betreiben Haarspalterei (Logomachie) und Geschwätzigkeit (Logomanie). Sie sind abonnierte Sophisten und Verleumder. Für Luther waren Juristen schon immer und jetzt erst recht die „Pest des menschlichen Geschlechts". Für sie gelten nicht die Prinzipien eines gesunden Menschenverstandes oder christliche Imperative des Umgangs miteinander, sie stehen im bezahlten Dienst ihrer Auftraggeber und haben deren handfeste Herrschaftsinteressen zu vertreten. Luther fühlt sich in dem tagelangen Umgang mit ihnen in verpesteter Luft. Er möchte raus aus diesem für ihn menschlich und sachlich den Geist und die Seele bedrückenden Gemetzel.

Wenn er nun um den Rückruf nach Wittenberg bittet und darin eine Chance für eine schnellere Einigung sieht, so zeigt dies, dass er trotz allem an einem Friedensschluss seiner Grafen interessiert ist. Er hatte viel Energie des Körpers und des Geistes in diese Reise in seine geliebte Heimat gesteckt.

Sein kurzer Brief vom 7. Februar an Käthe zeigt, dass seine Frau sich große Sorgen um ihn macht. Er weist die Sorgenvolle darauf hin, dass sie sich mit ihrer Sorge nicht an die Stelle Gottes setzen solle, sein Sorger sei Gott in Christus selbst:

„Meiner lieben Hausfrau Katharina Luther, Doktorin, Säumärkterin zu Wittenberg, meiner gnädigen Frau zu Händen und zu Füßen. Gnade und Friede im Herrn! Lies, Du liebe Käthe, das Johannesevangelium und den kleinen Katechismus, von dem Du einmal sagtest: Es ist doch alles in dem Buch zu mir gesagt. Denn wenn Du für Deinen Gott (anstelle Gottes) sorgen willst, gerade als wäre er nicht allmächtig, der da zehn Doktor Martinus erschaffen könnte, wo der eine alte in der Saale ersöffe oder im Ofenloch oder auf Wolfs Vogelherd (umkäme). Lass mich zufrieden mit deiner Sorge, ich habe einen besseren Sorger, als Du und alle Engel sind. Der liegt in der Krippe und hänget an einer Jungfrauen Brust, sitzet aber gleichwohl zur rechten Hand Gottes, des allmächtigen Vaters. Darum sei ohne Sorge, Amen" (B/E VI, 338)

Luther hält wohl die Sorge seiner Frau um ihn für einen Mangel an Gottvertrauen. Das hindert ihn nicht, sich im nächsten Brief vom 10. Februar anfangs für ihre Sorgen zu bedanken. Wenn er dann noch einige Szenen aus seinem Alltag beschreibt, in dem sein Sterben durchaus eine Möglichkeit war, so dienen sie dazu, seiner Käthe zu veranschaulichen, dass ihre Sorgen überflüssig seien. Sie soll für ihn beten und Gott sorgen lassen:

„Der heiligen, ängstlichen Frau, Katharina Luther, Doktorin, Zulsdörferin zu Wittenberg, meiner gnädigen lieben Hausfrau. Gnade und Friede in Christus. Allerheiligste Frau Doktorin! Wir danken Euch auch sehr herzlich für Eure große Sorge, vor der ihr nicht schlafen könnt. Denn seit der Zeit Ihr um uns gesorget habt, wollte uns das Feuer in unserer Herberge hart vor meiner Stubentür verzehret haben. Und gestern, ohne Zweifel aus Kraft Eurer Sorge, wäre uns beinahe ein Stein auf den Kopf gefallen und (hätte uns) zerquetscht wie in einer Mausefalle. Denn in unserm heimlichen Gemach rieselte Kalk und Lehm wohl zwei Tage lang über unsern Kopf, bis wir Leute dazu nahmen, die den Stein mit zwei Fingern anrührten, da fiel er herab, so groß wie ein langes Kissen und eine große Hand breit; der hatte im Sinn, Eurer heiligen Sorge zu danken, wo die lieben heiligen Engel (mich) nicht behütet hätten. Ich besorge: Wo Du nicht aufhörst (Dich um mich) zu sorgen, so möchte uns zuletzt die Erde verschlingen und alle Elemente verfolgen. Lernest Du so den Katechismus und das Glaubensbekenntnis? Bete Du und lasse Gott sorgen. Dir ist nicht befohlen, für mich oder für Dich zu sorgen. Es heißt: „Wirf dein Anliegen auf den Herrn, der sorget für dich", Ps. 55, 23 und an mehr viel Stellen. Wir sind, gottlob, frisch und gesund, nur dass uns die Sachen Unlust machen, und dass Jonas gern einen bösen Schenkel haben wollte, so dass er sich zufällig an einer Lade gestoßen hat. So sehr groß ist der Neid in den Leuten, dass er mir nicht gönnen wollte, allein einen bösen Schenkel zu haben. Hiermit Gott befohlen. Wir wollten nun fortan gern los sein und heimfahren, wenn Gott wollte. Amen, Amen, Amen. Euer Heiligkeit williger Diener M. L." (B/E VI, 338 f.)

Wenn Luther am Schluss dieses seelsorgerlichen Briefes an seine Frau schreibt, sie seien „frisch und gesund", so dürfte das eine Formel sein, um sie zu beruhigen. Mit der Wirklichkeit seiner Gesundheit stimmte das in diesen Eislebener Tagen in keiner Weise überein. Aber diese kleine Übertreibung leistete er sich in dieser Situation zur Beruhigung seiner Käthe. Dass er auch noch seinen Humor behalten hat, zeigt die Passage über Justus Jonas, der sich eine ähnliche Verletzung wie Luther am Schenkel zugezogen hatte.

Aber seine Sehnsucht war weiterhin, nach Hause fahren zu können. Das bestätigt er gegenüber Melanchthon im Brief vom 14. Februar, der ihn bei der Vorbereitung seiner Rückkehr sieht:

„Ich habe heute den überaus willkommenen Brief des Fürsten bekommen, der mich nach Hause ruft, lieber Philippus, und ich beeile mich wegzugehen, da ich dieser Dinge übersatt bin. Doch sorge bitte dafür, dass mir wenigstens, wenn ich etwa auf der Reise sein werde, ein Bote entgegenkomme, der ein wenig von dem Ätzmittel mitbringe, mit dem mein Schenkel offen gehalten zu werden pflegt. Denn es ist fast die ganze Wunde zugeheilt, welches zu Wittenberg geöffnet ist; Du weißt, wie gefährlich das ist. Und hier hat man nicht derartige Ätzmittel. Meine Käthe weiß, an welchem Ort in meiner Stube diese Art des so notwendigen Ätzmittels liegt.

Das weitere, so Gott will, in Kürze mündlich. Denn ich will mich losreißen. Gehab Dich wohl in dem Herrn." (B/E VI, 340)

Der Hintergrund: Luther hatte bei seiner Abreise das Ätzmittel vergessen, das dazu diente, seine Wunde am Schenkel offen zu halten. Sie zuheilen zu lassen, bedeutete, den Blutkreislauf in Unordnung zu bringen.

Am gleichen Tag, dem 14. Februar 1546, sollte Luther seinen letzten Brief an „Katharina Luther von Bora" schreiben:

„Meiner freundlichen, lieben Hausfrau, Katharina Luther von Bora zu Wittenberg zu Händen. Gnade und Friede im Herrn! Liebe Käthe! Wir hoffen, diese Woche wieder heimzukommen, so Gott will. Gott hat hier große Gnade erzeigt; denn die Herren haben durch ihre Räte fast alles verglichen bis auf zwei oder drei Artikel, unter welchen ist, dass die zwei Brüder Graf Gebhard und Graf Albrecht wiederum zu Brüdern werden. Das soll ich heute vornehmen. Ich will sie zu mir zu Gast bitten, dass sie auch miteinander reden. Denn bisher sind sie stumm gewesen und haben sich durch Briefe hart verbittert. Sonst sind die jungen Herren fröhlich, fahren zusammen mit den Narrenglöcklein (mit Schellengeläut) auf Schlitten, und die Fräulein auch, und bringen einander Mummenschanz und sind guter Dinge, auch Graf Gebhards Sohn. So muss man (mit Händen) greifen, dass Gott Erhörer des Gebets ist.

Ich schicke Dir Forellen, so mir die Gräfin Albrecht geschenkt hat; die ist der Einigkeit von Herzen froh. Deine Söhnchen sind noch zu Mansfeld. Jakob Luther will sie wohl versorgen. Wir haben hier vollauf zu essen und zu trinken, wie die Herren, und man wartet unserer gar schön und allzu schön, dass wie Euer zu Wittenberg wohl vergessen möchten.

Ebenso ficht mich der Stein auch nicht an. Aber D. Jonas Bein wäre beinahe schlimmer geworden, so hats Löcher auf dem Schienbein bekommen; aber Gott wird auch helfen. Solches alles kannst Du Mag. Philipp, D. Bugenhagen und Dr. Cruciger anzeigen.

Hier ist das Gerücht hergekommen, dass D. Martinus weggeführt sei, wie man zu Leipzig und Magdeburg redet. Solches erdichten die Naseweisen, Deine Landsleute. Etliche sagen, der Kaiser sei dreißig Meilen Wegs von hier bei Soest in Westfalen, etliche, dass der Franzose Knechte annehme, der Landgraf auch. Aber lass sagen und singen: wir wollen warten, was Gott tun wird. Hiermit Gott befohlen. M. Luther, D." (B/E VI, 339 f.)

Es ist ein Dankesbrief, dass doch noch der Durchbruch einer Einigung bis auf wenige Reste zwischen den verfeindeten Brüdern gelungen ist. Eine erste Schlichtung zwischen den Grafen Gebhard und Albrecht betraf Regelungen der Kirchen- und Schulordnung, der Patronatsfrage, der Besoldung von Pastoren und Lehrern sowie der Zuständigkeit des Eislebener Superintendenten. Die zweite Schlichtung betraf „weltliche" Fragen in Sachen des Erzbergbaus, die aber nicht abschließend schriftlich geregelt werden konnten.

Fast munter beschreibt er die neue familiäre Situation der gräflichen Familie. Seine größte Freude: Die Grafen werden seine Gäste sein, sie sind wieder Brüder. Die Welt ist auf einmal so schön geworden, dass man seine Käthe in Wittenberg fast vergessen könnte. Wieder ist es eine humorige Übertreibung. Kunde gibt er noch über ein Gerücht seiner Entführung sowie über Gerüchte in der großen politischen Szene. Aber souverän schiebt er sie alle beiseite: „Wir wollen warten, was Gott tun wird."

Einen Tag später hält Luther seine letzte Predigt in der Eislebener Hauptkirche St. Andreas. Sie geht über Matth. 11, 25-30, über „Jesu Lobpreis und Heilandsruf". (MA 6, 418 ff.) Es ist eine sehr lange Predigt, die wegen eines Schwächeanfalls des Predigers unterbrochen werden musste. Aber auch am Ende des zweiten Teils muss er eingestehen: „ich bin zu schwach, wir wollens hierbei bleiben lassen."

Was ihn in dieser Predigt an die vor ihm sitzende Gemeinde treibt, sind das Bekenntnis und die Ermahnung, sich allein an Gottes Wort, wie es Christus verkündet hat, zu halten. Die Predigt wird eine große Polemik gegen die,

die sich in der Kirche und Welt für die Weisen halten und geistlichen und weltlichen Gehorsam einfordern. Sie wollen Gott in seinem Wort und Werk korrigieren, wollen besser wissen, was zu glauben und zu tun ist. Sie wollen ihrerseits Gottes „Schulmeister und Praezeptor" sein. Beispiele dazu geben Ketzer, Wiedertäufer, Sakramentierer, Schwärmer und Aufrührer, die den Anspruch erheben, alles besser machen zu können. Großmeister in den selbst formulierten Wahrheiten und Ansprüchen ist ihm der Papst. Er verbreitet Lehren und entwickelt Sitten, die keinen Anhalt in der Schrift haben. So behauptet er, er sei das Haupt der Kirche und vertrete irrtumslos die göttliche Wahrheit. Oder:

„Zu Trier ist unseres Herrn Gotts Rock, zu Aachen sind Josephs Hosen und unserer Lieben Frauen Hemde, da laufe hin, verzehre dein Geld und kaufe Ablass und des Papstes Trödelmarkt! (B/E VI, 424)

Genauso halten es im weltlichen Bereich die Kaiser, Könige und Fürsten, die aus eigener Kraft die Weisesten sein wollen. Alle diese geistlichen und weltlichen Herren wollen „die göttliche Majestät meistern". Dagegen Luther:

„Darum, lieber Papst, Kaiser, König, Herr und Fürst, fahre nicht so einher; Ich will dich gerne hören in weltlicher Regierung, aber dass du willst in der Christenheit sitzen, als ein Herr und Gewalt haben zu beschließen, was ich glauben und tun soll, das nehme ich nicht an; denn du willst klug und weise sein an dem Ort, da du ein Narr bist und dir nichts offenbart ist." (B/E VI, 423)

Es ist der Teufel, der sich auf die kirchlichen und weltlichen Stühle setzen und sich alles untertan machen will. Dagegen gibt es nur eins: Christus Herr sein zu lassen, dem Himmel und Erde untertan sind. Die „rechten Prediger sollen allein Gottes Wort fleißig und treulich lehren und des Ehre und Lob allein suchen". Gelassen und gleichzeitig kämpferisch kann er formulieren:

„Ich lass geschehen, dass Kaiser, König, Papst, Kardinäle, Fürsten und Herren klug und weise sind; aber ich will an den Christum glauben, der ist mein Herr, den mich Gott hat heißen hören und von ihm hören und von ihm lernen, was rechte göttliche Weisheit und Klugheit sei."

Christus lässt er den Christen sagen:

„Haltet euch nur an mich, bleibt bei meinem Wort und lasst gehen, was da gehet; werdet ihr darob verbrannt, geköpft, so habt Geduld, ich willst euch so süße machen, dass ihrs wohl sollt vertragen ... Ich will euch das Herz geben, dass ihr lachen sollt, wenn der Türke, der Papst, Kaiser etc. aufs allergräulichste zürnen und toben; allein kommt zu mir! Habt ihr Beschwerung, Tod oder Marter, so Papst, Türke, Kaiser euch angreift, erschreckt nicht, es soll euch nicht schwer zu tragen, sondern leicht und sanft werden; denn ich gebe den Geist, dass solche Last (so in der Welt unerträglich wäre) euch eine leichte Bürde wird ... bleibt ihr aber nur getrost und unverzagt mit eurem Harren und Warten des Herrn durch den Glauben, so habt ihr schon gewonnen und seid dem Tod entlaufen, dem Teufel und der Welt weit überlegen." (B/E VI, 425)

Luther ist Realist. Er weiß, dass die kirchlichen und weltlichen Herren zu den Mitteln von Verfolgung und Tötung greifen, wenn sie auf Widerstand gegen ihre Wahrheits- und Herrschaftsansprüche stoßen. Das alles lässt sich ertragen, wenn man sich zu der Wahrheit hält, wie sie in Christus zur Sprache gekommen ist. Der Glaube an ihn lässt auch das Martyrium ertragen.

Die Themen und Inhalte dieser letzten Predigt Luthers zeigen, dass die Mächte, gegen die er seit Jahrzehnten gekämpft hat, nicht nur noch alle da sind, sondern sich zum Kampf gegen den reformatorischen Glauben radikalisieren können. Papst und Kaiser können sich gegen die Reformationskirchen verbünden wie die Türken gegen das Reich. Luther malt nicht die gute Welt in der Zukunft, sondern will seinen Hörern den schriftgemäßen Glauben vermitteln, mit dem sie bestehen können, wenn die Teufel ihre zerstörerischen Werke betreiben. Für Luther ist – das zeigt diese Predigt an seinem Lebensende ganz deutlich – die Zukunft der theologisch-kirchlichen Reformation nicht gesichert, sie kann zerschlagen werden. Stabilisiert wird sie aber nicht durch politische Macht und Raffinesse, sondern allein durch die Predigt des Evangeliums Christi. Am Ende ist Luther wieder am Anfang seiner Botschaft.

Am 16. Februar hat Luther seine letzte handschriftliche Aufzeichnung auf einem Zettel gemacht:

„Virgil in den Buolica und Georgica kann niemand verstehen, er sei denn fünf Jahre Hirte oder Bauer gewesen.

Cicero in seinen Briefen (so meine ich) wird niemand verstehen, er habe sich denn vierzig Jahre in einem bedeutenden Staatswesen bewegt.

Die heiligen Schriften meine niemand genug geschmeckt zu haben, er habe denn hundert Jahre mit den Propheten die Kirche gelenkt.

Darum ist es ein großes, wunderbares Ding erstlich um Johannes den Täufer, zweitens um Christus, drittens um die Apostel.

Versuche nicht die göttliche Äneis, sondern neige dich tief anbetend vor ihren Spuren.

Wir sind Bettler. Das ist wahr." (MA 6, 428)

Virgil hatte in seinen Dichtungen über das Hirtenleben (die Bucolika) und über das Landleben (die Georgica) gehandelt, Cicero hatte in einem langen politischen Leben über das Staatswesen geschrieben. Beide kennen die sie umgebende Wirklichkeit.

Wer aber kennt die Bibel? Er müsste mit den alttestamentlichen Propheten hundert Jahre die Kirche geleitet haben. Das hat aber keiner. Also gilt es sich auf die neutestamentlichen Hauptpersonen zu konzentrieren: auf Johannes den Täufer, auf Christus und die Apostel. Sie und die Propheten haben Spuren in der Geschichte hinterlassen, vor denen man sich ehrfurchtsvoll verneigen kann, ohne Gottes Handeln bestimmen zu können.

In diesem letzten Schriftstück, geschrieben in der Erwartung des Todes, dürfte der bis dahin in der Kirchengeschichte produktivste theologische Geist am Ende erkannt haben, dass alles Auslegen und Verkündigen angesichts der Souveränität Gottes Stückwerk bleibt. Vor Gott sind und bleiben wir Bettler, das heißt Menschen, die die Gnade Gottes für sich und die Welt nur erbitten können. Sie können weder sich selbst vor Gott erleisten noch eine gute Welt schaffen. Auf die Gnade Gottes bleiben sie angewiesen. Auch hier bleibt Luther seinen frühen Erkenntnissen treu.

Am 17. Februar sagt er seine Teilnahme an den noch ausstehenden Verhandlungen mit den gräflichen Konfliktparteien ab. In der Nacht vom 17. auf den 18. Februar 1546 beginnt für Luther im Haus der Familie Drachstedt neben der Hauptkirche St. Andreas der letzte Todeskampf. Den wichtigsten Bericht über seine letzten Stunden haben wir von Justus Jonas, später auch Berichte von Michael Coelius und Johannes Aurifaber. Anwesend waren neben diesen Drei die beiden jüngeren Söhne – der älteste Sohn Hans war bei seinem Onkel Jakob Luther in Mansfeld –, die beiden Stadtärzte, Graf und Gräfin Albrecht, die Wirtsleute und der Lehrer und Diener Ambrosius Rudtfeld. Katharina erfuhr von dem Tod ihres Mannes durch die drei Freunde Melanchthon, Bugenhagen und Cruziger. Nach dem Tod Luthers ließ man in Eisleben ein Bild und eine Todesmaske des Verstorbenen anfertigen.

Am 19. Februar wurde Luther in der St. Andreas-Kirche aufgebahrt. Justus Jonas hielt eine Predigt an der Bahre Luthers. Nach einer zweiten Predigt des Pfarrers Michael Coelius (1492–1559) brachte man den Leichnam über Halle nach Wittenberg, begleitet von Verwandten, etlichen Theologen und von einer fünfundvierzig Mann starken Reiterei, die die Grafen von Mansfeld zur Verfügung gestellt hatten.

Unterwegs in Dörfern und Städten läuteten die Glocken und Menschen standen Spalier, um von dem Mann, der deutsche Geschichte gemacht hatte, Abschied zu nehmen. In Halle hielt Jonas seine zweite Predigt zum Tod Luthers. Schließlich kam der Trauerzug am 22. Februar in Wittenberg am Elstertor an. Zum Empfang standen bereit Luthers Familie, die ständisch gegliederte Hof- und Stadtgesellschaft, der Rektor der Universität mit Magistern und Doktoren, der Bür-germeister Lukas Cranach mit den Ratsherren und vielen anderen Wittenbergern samt Gästen der Stadt. In einem feierlichen Zug mit Gesängen und Zeremonien ging es durch die Stadt zur kursächsischen Hofkirche. Der Kurfürst hatte die Bestattung in der Schlosskirche verfügt, nicht in der Stadtkirche.

Der mit Luther bestens befreundete Stadtpfarrer Johannes Bugenhagen hielt eine Abschiedspredigt auf Deutsch und Melanchthon eine lateinische Ansprache, die bald ins Deutsche übersetzt wurde (Melanchthon deutsch, Bd. 2, 165 ff.). Im gleichen Jahr am 1. Juni 1546 beschrieb Melanchthon als Vorrede zum zweiten Band der lateinischen Werke Luthers das „Leben Martin Luthers" (ebd., 178 ff.).

Beigesetzt wurde Luther unterhalb der Kanzel, auf der er jahrzehntelang nach bestem Wissen und Gewissen das Gesetz Gottes und das Evangelium Jesu Christi schriftgemäß verkündigt hatte. Später erhielt sein Grab eine Bronzeplatte mit seinen Lebensdaten und in der Nähe brachte man an der Kirchenwand ein Bronzeepitaph an, auf der Luther in voller Größe mit einem Buch in der Hand und mit seinem Wappen dargestellt wurde. Das protestantische Deutschland hatte seinen Wallfahrtsort.

V. Luthers Krankheiten und ihre Bedeutung für seine Persönlichkeitsstruktur

Sabine Niedmann-Illies und Dr. Steffen Illies

Wir sind heute aufgerufen, uns zu einem Thema zu äußern, das uns an die Grenzen unserer Profession gebracht hat, sind wir doch weder Wissenschaftler noch Historiker. Es existiert eine derartige Fülle an Informationen, dass man erschlagen werden kann. Schon Luther selbst war sehr mitteilsam bezüglich seiner Beschwerden und Befindlichkeiten, umso mehr aber auch seine Zeitgenossen und Begleiter, die jede Veränderung seines Äußeren und jede Erkrankung schriftlich festhielten. Es ist nicht übertrieben zu sagen, dass es kaum einen Menschen gibt, über den derartig viel geschrieben wurde, wie über Martin Luther. Unsere Materialauswahl hat keinen Anspruch auf Vollständigkeit und dient der Allgemeinverständlichkeit und Anschaulichkeit.

Lange wurde Luther als der kraftstrotzende Held gesehen, der mit Wortgewalt seine Feinde niederschlägt, wie es auf dem Bild von Holbein dargestellt ist. Diese Bild hat jahrhundertelang die Vorstellung von Luther geprägt, aber es ist eher als glorifizierende Darstellung zu sehen und beschreibt nur einen Teil der Wahrheit.

Luther wurde am 10. November 1483 als erstes von neun Kindern in Eisleben geboren. Aus seiner Kindheit und Schulzeit gibt es keine Berichte über ernsthafte Erkrankungen, trotz hoher Kindersterblichkeit und mehrerer Pestepidemien in dieser Zeit. Auch zu Beginn seiner Studienzeit als Jurastudent war Luther gesund. Statt das Jurastudium, wie von seinem Vater gewünscht, fortzuführen, entschloss er sich, in das Kloster zu gehen.

Auch das dortige Leben bewirkte keine ernsthaften Erkrankungen, selbst Fasten und ausgedehnte Exerzitien schienen ihm nicht ernsthaft zu schaden. So ist zum Beispiel der Fußweg von Wittenberg nach Rom 1510/11, der sicherlich eine erhebliche körperliche Belastung war, für ihn keiner besonderen Erwähnung wert.

1512 erwirbt er den Doktor der Heiligen Schrift. Er wird Lehrstuhlinhaber und hätte ein ruhiges Leben haben können. Aber was macht er? Er ist ein unruhiger Geist, er will die Kirche verbessern, schreibt gegen die Ablassbriefe und veröffentlicht seine Thesen, hat intensiven Schriftwechsel mit den Gelehrten seiner Zeit und veröffentlicht unermüdlich und mit großem Eifer. Die

Stadt Wittenberg ist eine aufblühende Stadt, Studenten kommen von nah und fern und es wird berichtet, dass fünfhundert Studenten seinen Vorlesungen zuhören. Und das hat Folgen!

In welcher Situation befindet sich Luther zu dieser Zeit?

Seine Veröffentlichungen verbreiteten sich wie ein Lauffeuer, verstärkt durch die Erfindung der Buchdruckerkunst und die raschen Übersetzungen in die für alle verständliche deutsche Sprache. Aus der gewünschten akademischen Diskussion um die Inhalte des Glaubens und darüber, was dabei wesentlich ist, wurde zunehmend eine gesellschaftliche Umwerfung. Es passierte etwas Gewaltiges, die Ordnung und Strukturen und die Machtverhältnisse der Kirche und des Staates, die sich über Jahrhunderte aufgebaut und gefestigt hatten, kamen ins Wanken und wurden in den Grundfesten erschüttert.

Dies sei erwähnt, um die damalige Dramatik zu veranschaulichen. Weder Kaiser noch der Papst konnten dies dulden, sodass Luther nach Rom zur Aburteilung zitiert wird, seine Äußerungen galten als Ketzerei. Letztlich gelang es, dass Luther nicht nach Rom musste und auf deutschem Boden in Augsburg befragt werden konnte. Schon diese Situation war für Luther sehr gefährlich. Er, der Mönch und Hochschuldozent, lehnte sich gegen die Kirche auf. Das war ungeheuerlich und konnte zu hohen Strafen führen. All das ging nicht spurlos an Luther vorüber: Erstmals kündigten sich körperliche Symptome an, die er als „Magenleiden" beschrieb:

„Wir kamen sehr ermattet in Augsburg an, und ich war durch den Weg fast alle geworden, denn ich hatte mir, ich weiß nicht was für ein schweres Magenleiden zugezogen."

Da er seine Schriften nicht widerrief, musste er noch in der Nacht fliehen, um nicht gefangen genommen zu werden. Zurück in Wittenberg arbeitet und schreibt er weiter, so entstehen 1520 seine drei reformatorischen Hauptschriften. Die durch Luther angestoßenen Veränderungen ließen sich nicht mehr stoppen. Vertreter aller Volksschichten bekannten sich zu Luther und wandten sich von der alten Kirche ab. Die Bannandrohungsbulle aus Rom wurde von Luther demonstrativ in Wittenberg am Elstertor verbrannt.

Um „diesem Treiben ein Ende zu setzen", wurde Luther am 26. März zu dem Reichstag in Worms berufen, zu dem er am 2. April aufbrach. Für diese Zeit erhielt er freies Geleit für einundzwanzig Tage. Um die Gefährlichkeit zu veranschaulichen, ist es vielleicht hilfreich zu erwähnen, dass zu seinem Schutz hundert berittene Reiter eingesetzt wurden! Ohne diesen Schutz hätte er den Reichstag nie erreichen können. Für Luther eine hochbrisante und lebensgefährliche Situation! In dem bekannten Bild des Wormser Reichtags wird die große Bedeutung dieses Ereignisses gut veranschaulicht.

Auf dem Weg nach Worms beschreibt Luther erstmals das Auftreten heftiger körperlicher Symptome mit heftigen Bauchschmerzen, die sich im weiteren Verlauf so steigerten, dass die Reise mehrfach verzögert wurde und er beinahe nicht mehr innerhalb der geschützten einundzwanzig Tage in Worms eintreffen konnte.

„Es überfiel ihn eine gählige und heftige Krankheit, welche jedoch durch Aderlaß und durch den Gebrauch eines Wassers bald wiederum behoben werden konnte."

Die Besserung war jedoch nur von kurzer Dauer. So schreibt er an seinen Freund Spalatin, der bereits in Worms weilt:

„Ich komme, mein lieber Spalatin, obgleich der Satan versucht hat, mich durch nicht bloß eine Krankheit daran zu hindern. Denn auf dem ganzen Wege von Eisenach bis hier war ich unwohl und bin es noch, auf mir vordem unbekannte Art."

Auf der gesamten Reise blieb Luther geschwächt und litt unter „quälender Hartleibigkeit", sodass er völlig ermattet in Worms eintraf.

Was nun geschah, ist bekannt. Nach einem Tag Bedenkzeit (vielleicht wegen der Beschwerden) blieb Luther bei seinen Auffassungen und widerrief nicht. Auch die Folge ist bekannt. Dem Reichstag folgte die öffentliche Ächtung („Acht und Aberacht"), sodass der Reformator „vogelfrei" war.

Nur durch seine Entführung und das Verstecken unter falschem Namen auf der Wartburg, wo er für zehn Monate bleiben musste, konnte sein Leben geschützt werden. Die gesellschaftlichen Veränderungen und Umwälzungen nahmen jedoch weiter rasant an Fahrt auf und verbreiteten sich immer mehr. Luther wusste das, er saß als Junker Jörg in der Burg, konnte nicht eingreifen und man kann sagen, in jeder Hinsicht drückte es ihn sehr!

„Der Herr schlug mich durch heftigen Schmerz in den Posterius, mein Stuhl ist so hart, dass ich gezwungen werde, ihn mit großer Kraft bis zum Schweißausbruch herauszustoßen. ... Gestern habe ich nach vier Tagen erstmals ausgeschieden."

Seine Verdauungsbeschwerden wurden mehrfach unerträglich:

„mein ars ist bös geworden, ... wie noch nie in meinem Leben leide ich an hartem Stuhlgang, so dass ich an einer Heilung zweifle. Damit sucht der Herr mich heim, damit ich nicht ohne Kreuz lebe."

Die Symptome schilderte Luther hier plastisch:

„Heut hat ich nach Tagen Stuhl, so hart, dass ich mir fast die Seele aus dem Leib presste. Nun sitze ich da mit Schmerzen wie eine Wöchnerin, aufgerissen, verletzt und blutig ..."

Was für eine Erkrankung war dies nun? Es sind mindesten zwei, eher drei Erkrankungen: zum einen eine Darmerkrankung mit schwerer Verstopfung (Obstipation) und Einrissen der Darmschleimhaut (Analfissur) sowie zusätzlich ein ausgeprägtes Hämorrhoidalleiden.

Die beschriebene Darmerkrankung nennt man heute „Reizdarmsyndrom" oder „Colon irritabile". Das Reizdarmsyndrom ist eine Störung der Darmfunktion, die meist in Belastungssituationen auftritt. Das Syndrom zeichnet sich durch im Wechsel auftretende Verstopfung und Durchfall aus. Eine ursächliche Erkrankung des Organs, also eine organische Schädigung, ein Tumor oder eine Entzündung, kann nicht gefunden werden.

Die Beschwerden werden durch Bewegungsstörungen des Dickdarms, eine erhöhte Darmwandspannung und durch Störungen der Schleimproduktion des Darms hervorgerufen. Frauen sind doppelt so viel betroffen wie Männer. Die Störungen bringen einen großen Leidensdruck mit sich, sind aber ungefährlich.

Der Reizdarm ist ein komplexes Problem, das durch eine Störung der Verbindung zwischen Hirn und Darm sowie ein verändertes Empfindungsvermögen entsteht. Mögliche Ursachen sind vor allem psychische Konfliktsituationen, aber auch Nahrungsmittelunverträglichkeiten, Hormonstörungen und viele noch nicht bekannte störende Einflüsse.

Wie bereits erwähnt sind die Symptome Durchfall oder Verstopfung oder beides abwechselnd. Häufig sind Bauchschmerzen nach dem Essen oder in Konfliktsituationen. Von den Betroffenen werden ein gesteigertes Missempfinden und Schmerzempfinden bemerkt, wenn der Darm gedehnt wird. Dies ist verbunden mit vermehrtem Stuhldrang. Häufig bestehen zusätzlich Übelkeit und Blähungen (harter Bauch). Auch Nahrungsmittelunverträglichkeiten sind vermehrt bekannt. Neben den abdominellen Beschwerden treten auch Schmerzen in anderen Regionen auf wie Kopf-, Rücken- und Beckenschmerzen. Zusätzlich klagen die Betroffenen oft über starke Einschränkungen durch Konzentrationsstörungen, depressive Verstimmungen und Schlafstörungen, die zu einem deutlich reduzierten Allgemeinzustand führen.

Aufgrund der verschiedenen Beschwerden werden drei Typen des Reizdarmsyndroms unterschieden: zum einen der Obstipationstyp, bei dem die Passage durch den Darm verlängert ist, der unter hartem Stuhl leidet und bei dem die Stuhlentleerung erschwert ist. Und zum anderen der Diarrhoetyp, bei dem die Passage verkürzt ist und vorwiegend Probleme durch Durchfälle bestehen. Bei dem dritten Typ treten beide Beschwerden abwechselnd auf.

Die erhebliche Verstopfung, die Obstipation, scheint auch eine der Hauptursachen für eine daraus folgende Erkrankung, das Hämorrhoidalleiden, zu sein. Hämorrhoiden sind ein komplexes Venengeflecht, das zur Abdichtung des Enddarms führt. Zusätzlich bestehen innere und äußere Schließmuskeln. Durch Veränderungen dieser Strukturen kommt es zunächst zu einer Vergrößerung und Aussackung, im weiteren Verlauf zum Austreten verschiedener Strukturen aus dem Anus. Nur in den Anfangsstadien kann es zu spontanen Rückbildungen kommen. Bei größeren Austritten sind operative Maßnahmen oder auch Einschnitte (Inzisionen) zur Druckentlastung der geschwollenen und ausgetretenen Venengeflechte erforderlich. Diese kleinen Operationstechniken waren auch zu Luthers Zeiten und sogar schon lange vorher bekannt, wie Abbildungen aus den ersten Jahrhunderten nach Christus deutlich veranschaulichen. Zu den Vergrößerungen der Hämorrhoiden kommen häufig noch weitere Komplikationen hinzu wie Einrisse der Analschleimhaut (Analfissur), die sehr schmerzhaft sind und sehr langwierig heilen. Auch Verschlüsse der Analvenen (Analvenenthrombose), die zu schmerzhaften massiven Schwellungen der Venen führen, sind als Komplikation bekannt. Diese Beschwerden bessern sich erst nach Öffnung der Venen, meist durch Einschnitte mit Instrumenten, selten auch spontan. Anschließend besteht eine deutliche Linderung der Beschwerden:

„Ging geronnenes Blut ab, so befand ich mich umso wohler und so angenehmer. Ja mit Vergnügen war der Akt der Stuhlentleerung."

Die eben ausgeführte Darstellung der Diagnose „Reizdarmsyndrom" findet sich heutzutage nicht nur im Katalog der internistischen Krankheiten, sondern auch bei der Zusammenstellung der psychosomatischen Diagnosen, nämlich als sogenannte „somatoforme autonome Funktionsstörung". Nehmen wir den Begriff auseinander:

Die Bezeichnung „autonom" bezieht sich auf die Art der Steuerung durch das Nervensystem. Neben dem Gehirn steuert das Nervensystem alle Prozesse im Körper, die eine Auseinandersetzung des Menschen mit sich selbst und seiner Umwelt und seine Anpassung an diese Umwelt ermöglichen.

Man kann das Nervensystem in zwei Bereiche einteilen: in das willkürliche Nervensystem, das die mehr oder weniger bewussten Bewegungen der Gliedmaßen steuert, und das autonome Nervensystem. Letzteres steuert die

Funktion der inneren Organe. Seine Tätigkeit wird uns nicht bewusst und es ist nicht unserem Willen unterworfen. Es regelt die Abläufe der inneren Organe. „Somatoform" bedeutet, dass sich das Krankheitsbild wie eine Organerkrankung darstellt, obwohl das betroffene Organ gesund ist. Die Beschwerden ergeben sich durch die normale Tätigkeit des Organs, was aber von dem betroffenen Menschen als störend und belastend erlebt wird. Ein Beispiel ist das Herzklopfen bei Prüfungen.

Eine besondere Rolle für das autonome Nervensystem spielt das Gefühl der Angst. Angst entsteht, wenn eine äußere oder innere Bedrohung auftaucht. Angst löst im Körper eine Vielzahl von Reaktionen aus. Dazu gehören: Pulsanstieg, Blutdruckanstieg, Mundtrockenheit, Pupillenerweiterung, Muskelanspannung, spontane Darmentleerung bzw. Darmruhe, Einengung der Wahrnehmung der Sinnesorgane („wie in einem Tunnel"), Schwitzen.

Das Auftreten von Angst hat für den Organismus eine besondere Schutzfunktion: Wenn ein Sinneseindruck auftaucht, zum Beispiel, wenn sich etwas Großes in das Blickfeld schiebt, muss sehr schnell entschieden werden, ob eine Situation bedrohlich ist oder nicht und was zu tun ist: Flucht oder Kampf.

Auslöser für Angst können äußere Bedrohungen sein. Oft sind Auslöser für Angst aber innere Bedrohungen. Damit sind gemeint Verluste (Verlust eines wichtigen Menschen, aber auch einer wichtigen Aufgabe oder ein Sicherheit vermittelnder Ort usw.) bzw. Trennungen. Bedeutsam ist, dass uns diese „Verlusterlebnisse" oft gar nicht richtig bewusst sind. Ein flüchtiger Gedanke an einen wahrhaftigen oder möglichen Verlust, eine Erinnerung oder ein unbewusst gebliebener Sinneseindruck können ausreichen, um ein Gefühl von Angst auszulösen. Auch gänzlich unbewusste Impulse können Alarm im autonomen Nervensystem auslösen. Dieses tut dann einfach nur seine Arbeit, ob es uns passt oder nicht.

Aus der Tatsache, dass auch unbewusst gebliebene Impulse die Angstreaktion auslösen können, ergibt sich leicht, dass wir als Menschen manchmal heftige körperliche Zeichen der Angst erleben, ohne dass wir wissen, dass wir Angst haben! In der Sprechstunde beim Arzt beklagen die Betroffenen dann zum Beispiel eine große Beeinträchtigung durch Herzklopfen und Muskelschmerzen und die Frage nach Belastungen wird gleichzeitig vehement verneint. (An dieser Stelle könnte man mit einem gewissen Vorbehalt fast sagen: Nur gut, dass wenigstens der Körper Bescheid weiß!!)

Zurück zu Luther: Luther lebte, wie wir jetzt alle wissen, über lange Zeit mit großer Angst. Und dass er allen Grund dazu hatte, haben wir gehört. Dass ihn auch innere Ängste, d. h. Versagens- und Verlassenheitsängste, geplagt haben, können wir ebenfalls vermuten.

Aufgrund der Ausführungen über die Angst und ihre Bedeutung für die Funktionsweise der inneren Organe können wir alle gemeinsam ohne große Schwierigkeiten die Verdachtsdiagnose stellen, dass Luthers Beschwerden zu einem beträchtlichen Teil zunächst seelisch bedingt waren. Das erstmalige Auftreten von körperlichen Beschwerden in Form von Hartleibigkeit, Obstipation und Überblähung des Leibes des 38-Jährigen auf der Fahrt zum Wormser Reichstag kann unschwer als psychosomatischer Ausdruck von Angst gedeutet werden. In der Folge mögen diese chronischen Stresszustände dann zu ernsten Organschäden geführt haben, die wiederum ihre eigene Dynamik entfalteten. In seinen Briefen spricht Luther nicht von Angst. Sein Körper sagt sehr laut etwas anderes! Die Obstipation und auch das Hämorrhoidalleiden peinigten Luther von nun an sein gesamtes Leben.

Aber diese Beschwerden waren nur eine der schmerzhaften Erkrankungen, an denen Luther litt. Aus seinen Aufzeichnungen und Briefen sowie aus den anderen Berichten ist bekannt, dass Luther an einem ausgeprägten Nierensteinleiden litt. Nierensteine bilden sich in den ableitenden Harnwegen, also in der Niere selbst, dem Nierenkelchsystem, wandern dann in die Harnleiter und Blase. Je nach Zusammensetzung und Größe sind die Beschwerden unterschiedlich. Während kleine glatte Steine auch unbemerkt ausgeschieden werden können, verursachen die meist kantigen und spitzen Strukturen vor allem in der Passage durch den Harnleiter starke Schmerzen, die zu Verkrampfungen des Harnleiters führen. Diese Schmerzen werden als Kolik bezeichnet. Falls der oder die Steine nicht abgehen, können sie den Abfluss behindern, sodass der Harn aufstaut und nicht mehr genügend, in schweren Fällen auch gar nicht mehr, ausgeschieden werden kann. Um die Steine auszuscheiden, ist auch heute vor allem auf ausreichende Flüssigkeitszufuhr zu achten.

Luther beschreibt es so:
„Ich gehe abermals schwanger und liege in Kindesnöten, krächsze am Steine." „Ich bin gezwungen, weniges zu schreiben, da ich seit 14 Tagen herniederliege mit unerträglichen Schmerzen …"

Als Luther schon mehrere Koliken und Steinabgänge hinter sich hatte, sein Nierensteinleiden also dadurch bekannt war, kam es, als er sich 1531 in Schmalkalden aufhielt, zu einem solchen Ereignis. Er litt unter unerträglichen Schmerzen und konnte nichts mehr ausscheiden. Durch die zunehmende Zufuhr von

Getränken, die nicht ausgeschieden werden konnten, verschlechterte sich sein Zustand zusehends. Er schildert es in der ihm eigenen deutlichen Sprache: „Als ich in Schmalkalden darniederlag, reichten mir die Ärzte so viel Getränke, als ob ich ein großer Ochs wäre. Sie versuchten viel Mittel, saugten an den Schamteilen und ich parierte, damit es nicht schiene, als wollte ich bei meiner Wiederherstellung etwas vernachlässigen." „Unglücklich ist der Mensch, der von der Hilfe und vom Concil der Ärzte abhängt."

Die herbeigerufenen Mediziner schilderten dieses Ereignis ebenfalls, jedoch mit deutlich gewählteren Worten:

„Da fiel ihm eine opilatio oder obstructio meatum urinalium fur, dass er kein Wasser von sich lassen konnte und wie wohl viel gegenwertig Mediziner ihre Kunst an ihm versuchten, so war die opilatio so stark, dass man auch per instrumenta collo vesicae inserta nicht helfen konnte, darum erhob sich ein Tumor über den ganzen Leib, dass man ihm nichts thun konnte, sondern das Ende erwarten musste."

Diese Situation hätte also das Ende von Luther sein können, aber er starb erst fünfzehn Jahre später. Was also hat ihm geholfen? Der herbeigerufene Leibarzt des Kurfürsten sah die ausweglose Situation nach acht Tagen Harnverhalt und beschloss, Luther zum Sterben zu seiner Familie nach Wittenberg transportieren zu lassen. Auf dieser Kutschfahrt löste sich bei einem Zwischenstopp ein Stein und es kam zur Entleerung von elf (!) Kannen Harn. Dies rettete sein Leben. Das Nierensteinleiden aber blieb und wurde zu seinem ständigen Begleiter, mit immer wiederkehrenden Koliken. So schreibt Luther noch 1545, ein Jahr vor seinem Tod:

„Ich konnte nicht schlafen wegen der Schmerzen durch meinen Schinder und Satan, den Stein ... jener Stachel meines Fleisches, ich weiß nicht, wann ich diesen hassenswerten Fötus werde herausbringen können. Ich wünsche zu sterben."

Durch die auch später immer wieder auftretenden Aufstauungen des Harns bis in die Nieren wurden im Laufe der Zeit auch Luthers Nieren geschädigt. Durch diese Funktionseinschränkung kommt es zum Anstieg von verschiedenen Substanzen im Blut, die nicht mehr ausreichend ausgeschieden werden können. Eine dieser Substanzen ist die Harnsäure. Wenn die Harnsäurekonzentration im Blut eine bestimmte Höhe erreicht, kommt es zur Gicht, einer Ausfällung von Harnsäurekristallen, die sich der Schwerkraft gemäß vor allem an dem tiefsten Teil des Körpers, an den Füßen, bilden. Vergleichbar ist diese Kristallbildung mit dem Bild von Zucker in einer Flüssigkeit, wie zum Beispiel im Tee. Einige Löffel kann man in die Tasse geben, sie lösen sich ohne Probleme. Aber wenn es zu viel wird, kann der Zucker nicht mehr aufgelöst werden und er setzt sich am Boden ab. Diese Kristalle sind dann wie Fremdkörper, die der Körper durch eine heftige Entzündungsreaktion versucht, wieder aufzulösen. Die lokale Entzündung, meist im Großzehengrundgelenk, nennt man einen Gichtanfall. Die ersten Gichtanfälle bei Luther werden 1533 berichtet. Da die Nierenschädigung im Laufe der Zeit weiter zunahmen und die Essgewohnheiten sich in keiner Weise änderten („ich esse, was ich will und leider hernach, was ich kann"), nahmen auch die Gichtanfälle in Luthers Leben weiter zu.

Zusätzlich sind seit 1535 auch immer wiederkehrende Mittelohrentzündungen bekannt, mit häufigem eitrigem Ausfluss aus den Ohren. Jeder, der einmal eine Mittelohrentzündung durchlitten hat, kann sich die entsprechenden Schmerzen vorstellen und hat die Linderung durch die heutigen Medikamente wie Antibiotika erlebt. All dies gab es aber zu Luthers Zeiten nicht, man musste ausharren und hoffen, dass die Entzündung und die Schmerzen nachlassen. Durch die häufigen Entzündungen entstehen Schäden im Mittelohr, so ist eine zunehmende Schwerhörigkeit bei Luther bekannt. Er schreibt im April 1541:

„Unterdessen gibt es im Kopf Stürme aller Meere und Bäume, so dass ich nur dann etwas höre, wenn mich jemand laut anschreit."

Eine weitere Erkrankung, die Luther plagte, waren Schwindelanfälle:

„Dass seine Schwachheit und Leiden ernstlich bei dem linken Ohr so hätte angefangen: Ihn hätte es nicht anders gedeucht, denn als brause es mit großer Ungestüm für dem linken Ohr und ganzem linken Backen, wie rauschende Meereswellen ... Solches konnte nicht natürlicher Weise zugehen, sondern wäre ein unerträglich Leiden und Marter, dass wo er nicht ein kurzer Übergang wäre und nur eine kleine Zeit währete, könnte es der Mensch nicht ertragen, sondern müsste bald sterben, denn dasselbe Sausen und Rauschen wie eine starke Windsbraut hauset, das er zuvor allein für dem Ohre gefühlet, hätte ihm nun das linke Ohr inwendig und den halben Teil des Hauptes eingenommen."

Diese Beschreibungen sind typisch für das Auftreten eines Anfalls der Menière-Krankheit. Hierbei handelt sich um eine Erkrankung des Gleichgewichtorgans, die 1861 erstmals von dem Franzosen Prosper Menière beschrieben und nach ihm benannt wurde. Die Betroffenen klagen über das Auftreten von anfallartigem, heftigem Schwindel, sodass man nicht mehr stehen kann, der oft begleitet ist von Übelkeit, Erbrechen und Schweißausbruch sowie einem ausgeprägten sogenannten „Vernichtungsgefühl". Am ehesten muss man sich diesen Zustand wie eine schwere Seekrankheit vorstellen. Dazu kommt eine Schwerhörigkeit, die sich bis hin zu Taubheit verschlechtern kann. Des Weiteren beklagen die Betroffenen das Auftreten eines Ohrgeräuschs, das meist als Ohrensausen beschrieben wird und das sich oft schon längere Zeit vor dem Schwindel einstellt. So ein Menière'scher Anfall kann unterschiedlich lange andauern: von wenigen Minuten bis zu mehreren Stunden. Den Betroffenen bleibt nichts, als hilflos liegend abzuwarten, bis der Anfall vorbei ist.

Die Anfälle können sich in unregelmäßigen Abständen wiederholen. Das Vollbild entwickelt sich oft erst im Verlauf mehrerer Anfälle. Die Anfälle treten immer einseitig auf. Die Ursache liegt in einer Störung der Funktion des Gleichgewichtsorgans, das in unmittelbarer Nähe zum Hörorgan im Innenohr liegt. Das Innenohr enthält den Sinnesapparat für das Hör- und das Gleichgewichtsorgan. Das Gleichgewichtsorgan, das sogenannte Labyrinth, besteht aus drei knöchernen Bogengängen, in deren Inneren häutige Bogengänge auskleidend aufgehängt sind.

Durch ein kompliziertes Flüssigkeitssystem, das in den drei Ebenen des Raumes verläuft, werden Sinneshärchen gereizt, die dann einen Impuls an das Gehirn weiterleiten, das den Sinneseindruck verarbeitet. Durch eine Störung dieses Schlauchsystems, beispielsweise durch einen kleinen Riss in einer Membran, werden Fehlimpulse an das Gehirn gesendet, die dann als Schwindel wahrgenommen werden. Das Leiden tritt im mittleren Erwachsenenalter auf. Männer sind etwas häufiger betroffen als Frauen.

Luther berichtet über seinen ersten richtig schweren Schwindelanfall am 6. Juli 1527. Hinweise für frühere Vorboten des Leidens existieren ebenfalls. Luthers Anfall muss ein bis zwei Stunden angehalten haben. Über den weiteren Verlauf der Erkrankung gibt es mehr als dreißig Aufzeichnungen. Aus diesen geht hervor, dass Luther seit dem 7. Juli 1527 ohne Pause an Ohrensausen litt und bis zu seinem Tod mehrfach in unterschiedlichen Abständen Schwindelzustände bekam.

Die Menière-Krankheit ist übrigens auch heute noch nicht heilbar. Die Auswirkungen können aber symptomatisch gelindert werden. Problematisch für die Betroffenen ist vor allem die ständige Angst vor dem nächsten Anfall. Diese Angst stellt für sie eine große Belastung dar. Die Lebensqualität ist eingeschränkt und oft kommt es als Reaktion zu Depressionen. Auch Luther war durch diese Auswirkungen eingeschränkt. Oft „wagte" er nicht, „alles richtig zu durchdenken" oder „zu lesen", wie er sich ausdrückte, und 1532 und auch 1533 konnte er wiederholt wegen der Schwindelattacken nicht mehr öffentlich predigen.

Neben den vielen schmerzhaften Erkrankungen, die Luther stets als Versuchungen des Satans sah, gab es auch ruhiger Phasen. Dafür ist Luther, wenn sie denn einmal bestehen, auch dankbar. So schreibt er dann an einen Freund: „Ich schlafe zur gewohnten Stunde und esse nach gewohnter Art. Vielleicht macht der Teufel eine Badereise?"

Gestorben ist Luther am 16. Februar 1546 aber letztlich an einem Herzinfarkt, einer Erkrankung der Herzkranzgefäße, die sich durch zunehmende Enge in der Brust bereits zehn Jahre zuvor bemerkbar machte:
„Ich spüre eine große Beengung um das Herz."

Dies wird Angina pectoris genannt und ist ein Vorbote eines drohenden Herzinfarktes. Durch Verengungen der Herzkranzgefäße kommt es zu einer unzureichenden Versorgung des Herzens mit Blut und Sauerstoff, wodurch Schmerzen ausgelöst werden. Dies tritt zunächst bei vermehrtem Sauerstoffbedarf, also bei Belastung, auf. Durch zunehmende Verengung der Gefäße können die auslösenden Belastungen aber zunehmend geringer sein. Falls es zu einem Verschluss eines Herzkranzgefäßes kommt, liegt ein Infarkt vor. Je nach Größe des Infarktes kann dies zu einer Herzschwäche oder zu einem Herzversagen führen.

Psychische Erkrankung

Bei dem Versuch, etwas über Luthers Psyche oder Charakterstruktur zu sagen, tut sich das Problem auf, dass es schon so viele Vermutungen und Veröffentlichungen bis in die heutige Zeit gibt, die sich teilweise widersprechen und unserer Ansicht nach mehr über die Haltung des jeweiligen Autors verraten als über Luther selbst.

Auch Zeitgenossen haben sich schon Gedanken über Luthers Gesundheitszustand gemacht – und nicht nur besorgte! Die Luther-Verehrer sahen ihn schon zu seinen Lebzeiten als mächtigen, über alle Zweifel erhabenen Vordenker, gleichzeitig sparten die Gegner nicht mit übelwollenden Deutungen. Damit die Zuhörer sich ein Bild von der Heftigkeit mittelalterlicher Polemik machen können, wollen wir auch diese, teilweise verunglimpfenden Vorstellungen über Luther nicht unter den Tisch fallen lassen: Cochläus, ein Theologe und erbitterter Gegner, hält Luther zum Beispiel für unzurechnungsfähig. Neumann fasst 1986 die Vorwürfe von Cochläus gegen Luther folgendermaßen zusammen:

„Luther sei ein Epileptiker gewesen, ein Syphilitiker, natürlich Alkoholiker, ein Lügner, ein Sittenstrolch, ein Fresser und ein Hurer, selbstredend ein Ungläubiger und ein Häretiker."

Ein weiterer Biograf zu Beginn des letzten Jahrhunderts war Denifle, ein katholischer Archivar und Professor. Erikson schreibt:

„Für Denifle war Luther ein ‚Umsturzmensch', ein Mann von der Sorte, die die Welt planlos auf den Kopf stellen wollten."

Denifle habe nicht glauben können, dass jemand ein Gottesmensch ist, der solche Sätze sagt:

„Ich fress wie ein Böhme und sauff wie ein Deutscher. Gelobt sei Gott. Amen." (Luther in einem Brief an Käthe)

Für Denifle sei Luther in seinem innersten Kern ein wilder, ungezügelter und verkommener Mensch gewesen. Dass Luther immer wieder mal eine Sau in seinen Schriften vorkommen ließ, irritierte ihn enorm. Grundlage für seine Vorwürfe an Luthers Charakter ist ein Pamphlet, das Luther geschrieben hatte, als er klarmachen wollte, dass es einen „vorreligiösen Zustand des Geistes" gibt:

„Denn eine Sau liegt in ihrem Pflaumenfederbette auf der Gasse oder auf dem Mist, ruht sicher, schnarchet sanft, schläft süß, fürchtet keinen König noch Herrn, keinen Tod noch Hölle, keinen Teufel noch Gottes Zorn, lebt sogar ohne Sorge, dass sie auch nicht denkt, wo Kleien sind. Und wenn der türkische Kaiser mit aller Macht und Zorn daher zöge, sollte sie wohl so stolz sein, dass sie nicht eine Borste um seinet Willen regte ... Kommt der Schlächter über sie, so denkt sie, es klemme sie etwa ein Holz oder ein Stein ... Die Sau hat von dem Apfel nicht gegessen, der den Unterschied des Guten und Bösen uns elende Menschen im Paradiese gelehrt hat."

Aufgrund solcher humorvollen und freigeistigen Äußerungen, mit denen Luther schon zu Lebzeiten seine Feinde „fütterte", hielt auch Jahrhunderte später dieser Biograf Luther letztlich für einen Betrüger. Ein dänischer Psychiater, Dr. Paul Reiter, hält Luther für schwer psychisch krank (1937). Er meint, in den Schriften und Zeitzeugenberichten Hinweise zu finden, dass Luther alle Kriterien einer manisch-depressiven Psychose erfüllt.

Eine manisch-depressive Psychose ist eine seelische Erkrankung, die mit schweren, wahnhaften Denkstörungen und Wahrnehmungsstörungen einhergeht und einen chronischen Verlauf hat. In den Krankheitsphasen geht typischerweise unverrückbar der Realitätsbezug verloren. Mitunter gefährden die Betroffenen durch ihr verzerrtes Verhalten ihre eigene (soziale, berufliche, wirtschaftliche) Existenz und/oder die ihrer Angehörigen.

Um diese Diagnose stellen zu können, wäre eine eingehende Befragung und Untersuchung des Patienten erforderlich. Dies ist jedoch nach über fünfhundert Jahren nicht mehr möglich, sodass unserer Meinung nach eine sichere Diagnosestellung nicht möglich ist.

Auch Erikson, ein Psychoanalytiker, der 1958 seine Forschungsergebnisse über den jungen Luther veröffentlicht hat, widerspricht dieser Einschätzung Reiters heftig und überzeugend, zweifelt sogar dessen Kompetenz an. Dabei stützt er seine Vorwürfe beispielsweise auf die Deutung Reiters von Luthers Äußerungen zu Begegnungen mit dem Teufel. Reiter versteht nämlich Luthers bildliche, mittelalterliche Begrifflichkeit, in der der Teufel das Böse darstellt, wortwörtlich und sieht darin einen Beleg dafür, dass Luther unter Halluzinationen litt, was sicherlich absurd ist.

Um den Streit der Fachleute über charakterliche Eigenschaften an dieser Stelle zu beenden, überlassen wir Erikson das Wort:

„Ich weiß nicht, welche Art von geistigem, körperlichem und seelischem Gleichgewicht die beiden Männer [Denifle und Reiter] … für normal halten. Wenn es [das Gleichgewicht] … überhaupt existiert, würde ich es am wenigsten in einem so empfindsamen, leidenschaftlichen Menschen voll hoher Bestrebungen wie dem jungen Luther erwarten … Des Professors und des Psychiaters Vorstellung von Normalität erscheinen als ganz und gar unangemessener Maßstab für einen zukünftigen Reformator."

Allerdings war Luther spätestens ab 1537 in seinem Wesen verändert. Der Mittfünfziger wurde griesgrämig, leicht reizbar, aggressiv, litt unter Niedergeschlagenheit und zog sich zurück. Wegen seiner unberechenbaren Zornesausbrüche und seiner Derbheit im Ausdruck wurde er gefürchtet und immer mehr gemieden. Seine Veröffentlichungen gegen das Papsttum wurden immer schärfer und teilweise brachten sie ihm heftige Kritik aus den eigenen Reihen ein. Immer häufiger musste der liberalere und verbindlichere Melanchthon einspringen. Luthers ursprünglich beweglicher Verstand wurde starrsinnig und unflexibel, seine Haltung teilweise sogar verbissen, eine Entwicklung, die sich oft in depressiven Stimmungen einstellt. Zum Beispiel wollte er keine Zugeständnisse machen und keine Bündnisse schließen. So wollte er auch die Schweizer und die Oberdeutschen nicht als gleichberechtigte Bündnispartner akzeptieren, sondern die Bedingungen diktieren.

Aber auch schon früher, seit 1530, als er auf der Coburg festsitzt, während die anderen sich besprechen, erscheinen ungewohnt niedergeschlagene Gedanken. Luther schreibt:

„Ich hoffe, dass meines Lebens Ende nahe sei, und die Welt hasst mich und mag mich nicht leiden; wiederum bin ich der Welt überdrüssig und verachte sie."

Immer wieder musste er wegen seiner Beschwerden Veranstaltungen absagen oder abbrechen. Wegen seiner unberechenbaren Zornesausbrüche wurde er aber auch von den anderen zunehmend gemieden. Luther wurde offensichtlich durch die ständigen, sehr belastenden Beschwerden immer unzugänglicher. Man muss sich vorstellen, wie es ihm so ungefähr um 1541 ging, als er eine „unmögliche" Streitschrift gegen den Herzog verfasst hat, über die Neumann schreibt:

„Seine Streitschrift ‚Wider den Hans Worst' war eine Spitzenleistung gröbster Polemik gegen den Herzog von Braunschweig."

In den letzten zehn Jahren seines Lebens, also ab seinem zweiundfünfzigsten Lebensjahr, müssen wir uns den kranken Luther so vorstellen: Der Bauch war ständig prall gespannt und schmerzte. Sitzen war wegen der juckenden und stechenden Schmerzen kaum möglich. Die Beine waren geschwollen und nässten, die Füße und Zehen schmerzten, sodass laufen kaum möglich war. Aus dem Ohr lief immer wieder Eiter, der Kopf tat weh. Bei Anstrengung befielen ihn Enge in der Brust, Atemnot und Todesangst. Dazu kamen immer häufiger auftretende, unvorhersehbare Koliken durch Nierensteine und Schwindelattacken. Zu allem Übel war er auch noch schwerhörig und konnte an den Gesprächen um ihn herum kaum noch teilnehmen.

Luther war also in seinem späteren Leben ständig damit beschäftigt, ganz existenziell irgendwie mit sich selbst zurechtzukommen, und zusätzlich traten alle mit Fragen und Erwartungen an ihn heran. Er war wohl eigentlich überfordert und hörte trotzdem nicht auf, zu arbeiten, zu schreiben, zu predigen! Man kann wohl sagen: Der Mann hat sich aufgerieben!!

Und so befielen ihn immer wieder heftige depressive Zustände mit Niedergeschlagenheit und Resignation. Für ihn waren dies aber nicht Befindlichkeiten oder Erkrankungen, sondern Anfechtungen des Teufels. An einen Mann, der mit Suizidgedanken lebt, schreibt er:

„Mir ist von guten Freunden angezeigt, wie Euch der böse Feind hart anficht mit Überdruss des Lebens und Begierde des Todes. O mein lieber Freund, hier ist's hohe Zeit, daß Ihr Euren Gedanken ja nicht traut noch folgt, sondern höret andere Leute, die solcher Anfechtung frei sind. ... Es war unserm Herrn Christus das Leben auch sauer und bitter, doch wollte er nicht sterben ohne seines Vaters Willen und floh den Tod, hielt das Leben, wo er konnte, und sprach: ‚Mein Stündlein ist noch nicht gekommen' ... Darum müsst Ihr gegen Euch selbst ein Herz fassen und mit Zorn zu Euch selbst sprechen: Nein Gesell, wenn du noch so ungern lebtest, so sollst du leben und musst mir leben ... Hebt Euch, Ihr Teufelsgedanken, in den Abgrund der Hölle mit Sterben und Tod ... Aber der allerbeste Rat über allen Rat ist, wenn Ihr überhaupt nicht mit ihnen kämpfen möchtet! Sondern könntet sie verachten und tun, als fühltet Ihr sie nicht und gedächtet immer an etwas anderes, und sprecht so zu ihnen: Wohlan, Teufel, laß mich unbehelligt, ich kann mich jetzt nicht um deine Gedanken kümmern, ich muss reiten, fahren, ... oder das und das tun und weiter: ..."

Hier spricht jemand, der sich auskennt! Und denken wir, was er tat, als er, verfolgt, geächtet, eingesperrt, auf der Wartburg saß!? Eine Situation, in der einen jeden von uns wohl Verzweiflung und Depression befallen könnten: Er vervollkommnete seine Kenntnisse in Griechisch und Hebräisch und übersetzte Wort für Wort und Satz für Satz – die Bibel!

Nun zurück zur Fragestellung: Hat Luther sich durch seine Krankheiten in seiner Persönlichkeit verändert? Wir hatten damit begonnen, über Angst zu sprechen, wie diese einen Menschen krankmachen kann und in welcher Weise Luther auch an Krankheiten litt, deren psychosomatische Mitursache unbestritten ist. Luther war in seinen jungen Jahren ein eher vorsichtiger, ernsthafter Mann von „mildem Wesen", aber zugleich „hohen Bestrebungen". Im Verlauf seines Lebens litt er an sehr beeinträchtigenden Erkrankungen, die erforderlich machten, dass er sich neben den vielfältig an ihn herangetragenen Fragen ständig mit der Bewältigung seines Krankseins befassen musste. Da er seinen Zustand oft leugnete und sich letztlich überforderte, wurden diese Beschwerden schlimmer.

Bei der intensiven Beschäftigung mit dem kranken Mann Luther wurden wir zunehmend etwas unglücklich, weil die Beschäftigung mit den Krankheiten und Unzulänglichkeiten den Blick auf das Ganze verzerrt und die Leistungen nicht angemessen gewürdigt werden. Das ist das Dilemma in unserem ärztlichen Beruf: der Blick auf die Defizite!! Oder wie es Luther sagt:

„Ich leugne nicht, dass die Medizin ein Geschenk und eine große Wissenschaft [ist], aber wo gibt es vollkommene Ärzte!?"

VI. Leben und Schriften Luthers

1483 *Geburt in Eisleben, die Eltern Hans und Margarethe*
1485 Teilung Sachsens in Kurfürstentum und Herzogtum
1491 *Einschulung in Mansfeld*
1495 Reichstag zu Worms: Versuch einer umfassenden Reichsreform
1497 *In der Magdeburger Domschule*
1498 – 1501: Besuch der Pfarrschule St. Georg in Eisenach
1499 *Geburt der Katharina von Bora*
1501 *Beginn des Studiums in Erfurt*
1502 Friedrich der Weise stiftet Wittenberger Universität
1502 – 1505: Prüfungen zum Baccalaureus und Magister artium
1505 *Beginn des Jurastudiums. Das Ereignis bei Stotternheim*
1505, 17. Juli: Eintritt in das Augustinereremitenkloster in Erfurt
1506/07 Grundsteinlegung des Petersdoms und Ausschreibung eines Ablasses für den Bau durch Julius II
1507, 3. April: Priesterweihe
1508 *Versetzung nach Wittenberg*
1509 *Mit dem Erwerb des Baccalaureus ad biblia und Baccalaureus sententiarius Vorlesungsrecht*
1510 *Reise nach Rom in Ordensangelegenheiten*
1511 *Wieder in Wittenberg*
1512 *Magister der Theologie, Auslegung der Psalmen*
1513 Abrecht von Brandenburg wird Bischof von Magdeburg,
    1514 Erzbischof und Kurfürst von Mainz
    Ablassdekret von Leo X
1514 – 1517: Dunkelmännerstreit zwischen Johannes Reuchlin und Pfefferkorn
1514 *Parteinahme für Reuchlin gegen die Kölner Dominikaner*
1515 *Beginn der Römerbriefvorlesung*
    Profess und Weihe der Katharina von Bora zur Nonne
1516 *Vorlesung über Johannes Tauler, Beginn der Galaterbriefvorlesung, Predigten über die Zehn Gebote*
1517 *Predigten gegen Johann Tetzel*
1517, 31. Oktober: Veröffentlichung von 95 Thesen
1518 *Heidelberger Disputation*
    Melanchthon in Wittenberg
    Verhandlungen mit Kardinal Cajetan in Augsburg
    Kurfürst Friedrich der Weise lehnt Luthers Auslieferung an den Papst ab
1519 *Leipziger Disputation mit Johannes Eck in Leipzig*
    „Ein Sermon von dem Bann"

1520 Beginn des römischen Prozesses gegen Luther
Bannandrohungsbulle Leo X: „Exsurge domine"
Hauptschriften: „Sermon von den guten Werken", „An den christlichen
Adel deutscher Nation", „Vom Babylonischen Gefängnis
der Kirche", „Von der Freiheit eines Chri-stenmenschen"
Verbrennen der Bannandrohungsbulle und des Kanonischen Rechts
vor dem Elstertor von Wittenberg
„Warum des Papsts und seiner Jünger Bücher von Doktor Martino
Luther verbrannt sind"
„D. Martin Luthers Appellation oder Berufung an ein christliches Konzil ..."
„Sendbrief an Papst Leo X"
1521 Erlass der Bannbulle „Decet Romanum pontificem"
„Grund und Ursach aller Artikel, so durch römische Bulle
unrechtlich verdammt sind"
Reichstag in Worms, Verhängung der Reichsacht
Verschleppung auf die Wartburg (bis 1. März 1522)
„Der Lobgesang der Maria" (Magnificat)
Übersetzung des Neuen Testaments
Thomas Müntzers „Prager Manifest"
1521 – 1530: Abwesenheit Kaiser Karls V von Deutschland
Reformatorische Ansätze in Dänemark unter Christian II
1522 „Eine treue Vermahnung Martini Luther zu allen Christen,
sich zu hüten vor Aufruhr und Empörung"
Unruhen in Wittenberg: Luthers Invokavitpredigten
„Vom ehelichen Leben"
1523 „Von weltlicher Obrigkeit"
„Ordnung eines gemeinen Kastens"
„Dass Jesus Christus ein geborener Jude sei"
„Ursache und Antwort, dass Jungfrauen Klöster göttlich
verlassen mögen"
Ankunft der Nonnen aus Nimbschen, darunter Katharina von Bora
„Dass eine christliche Versammlung oder Gemeine Recht und
macht habe, alle Lehre zu beurteilen und Lehrer zu berufen, ein-
und abzusetzen: Grund und Ursach aus der Schrift"
„Von der Ordnung des Gottesdienstes in der Gemeinde"
1524 Regensburger Bündnis der katholischen Stände
„Fürstenpredigt" von Müntzer
„Ein Brief an die Fürsten von Sachsen von dem aufrührerischen Geist"
„An die Ratsherrn aller Städte deutschen Landes, dass sie christliche
Schulen aufrichten und halten sollen"

„Von Kaufhandlung und Wucher"
„Von der Ordnung des Gottesdienstes in der Gemeinde"
„Eine Weise, Christliche Messe zu halten und zum Tisch Gottes zu gehen" (Formula missae et communionis)
Vorrede zu Johannes Walter „Geistliches Gesangbüchlein"
Müntzer: „Schutzschrift und Antwort wider das geistlose, sanftlebende Fleisch in Wittenberg"
1924/25 Bauernkrieg
„Ermahnung zum Frieden auf die 12 Artikel"
„Wider die räuberischen und mörderischen Bauern"
1525, 15. Mai: Schlacht bei Frankenhausen"
1525, 7. Mai: Hinrichtung von Müntzer und Pfeiffer
„Verantwortung D. Martin Luther auf das Büchlein wider die räuberischen und mörderischen Bauern"
Hochzeit von Katharina und Martin
Einführung der Reformation in Preußen
„De servo arbitrio" (Vom unfreien Willen)
1526 Einführung der Reformation in Hessen und Sachsen
Geburt des Johannes Luther (1526–1575)
„Ob Kriegsleute auch in seligem Stande sein können"
1526/27 „Eine Unterrichtung, wie sich die Christen in Moses sollen schicken"
1527 Erkrankung Luthers und des Sohnes Hans
Pest in Wittenberg
Reformation in Schweden
Geburt der Elisabeth Luther (1527–1528)
1528 „Vom Abendmahl Christi, Bekenntnis"
1529 Protestation von Speyer
Geburt der Magdalena Luther (1529–1542)
Marburger Religionsgespräch
„Der Große Katechismus" und der „Kleine Katechismus"
„Heerpredigt wider die Türken"
Lied: „Ein feste Burg ist unser Gott"
Lied: „Verleih uns Frieden gnädiglich"
1530 Auf der Coburg
„Vermahnung an die Geistlichen, versammelt auf dem Reichstag zu Augsburg"
„Schrift über Sitten und Religion der Türken"
1531 Verlesung der Confessio Augustana auf dem Augsburger Reichstag
Gründung des Schmalkaldischen Bundes als Verteidigungsbündnis der Evangelischen

„Sendbrief vom Dolmetschen"
„Warnung an seine lieben Deutschen"
1532   Nürnberger Religionsfrieden
1533   Geburt des Paul Luther (1533-1593)
1534   Geburt der Margarethe Luther (1534-1570)
„Von Ehesachen"
„Der 101. Psalm durch D. Martin Luther ausgelegt"
„Biblia, das ist die ganze heilige Schrift deutsch"
1934/35 Täuferreich von Münster
Pest in Wittenberg
Reformation Württembergs
1536   *„Wittenberger Konkordie"*
1537   *Schwere Krankheit von Luther in Schmalkalden*
Die „Schmalkaldischen Artikel"
1539   Reformation im albertinischen Sachsen
Herausgabe eines Sammelbandes der deutschen Schriften Luthers
Hans erwirbt den Baccalaureus
1540   *Schwere Krankheit von Katharina nach Fehlgeburt*
1541   *„Wider Hans Worst"*
„Vermahnung zum Gebet wider die Türken"
1542   *Testament Luthers für Katharina und die Kinder*
Sohn Hans in Torgau in der Lateinschule und bei Johannes Walther
1543   *„Von den Juden und ihren Lügen"*
„Vom Schem Hamphoras und vom Geschlecht Christi"
„Von den letzten Worten Davids"
Lied: „Erhalt uns Herr bei Deinem Wort"
1545   *Vorrede zu Band 1 der Opera Latina*
„Wider das Papsttum zu Rom, vom Teufel gestiftet"
1545/46 Reisen nach Mansfeld und Eisleben
1546, 18. Februar: Tod Luthers in Eisleben
1546, 22. Februar: Beisetzung in der Wittenberger Schlosskirche
1546, Sommer: Ausbruch des Schmalkaldischen Krieges
Katharinas Flucht nach Magdeburg
1547   *Rückkehr nach Wittenberg, Flucht nach Braunschweig*
Rückkehr nach Wittenberg
1548 - 1552: *Beseitigung der Kriegsschäden und Auseinandersetzungen um das Testament Luthers*
1552   *Pest in Wittenberg, schwerer Unfall Katharinas auf der Fahrt nach Torgau*
1552, 20. September: *Tod und Beisetzung der Katharina von Bora in der Pfarrkirche von Torgau*

VII. Weltliche und geistliche Herren in der Zeit Luthers

Die Kaiser
1440 – 1493 Friedrich III
1493 – 1519 Maximilian I
1519 – 1550 Karl V

Die Ernestinischen Kurfürsten
1486 – 1525 Friedrich III, der Weise
1525 – 1532 Johann der Beständige
1532 – 1554 Johann Friedrich der Großmütige

Die Albertinischen Herzöge
1500 – 1539 Georg der Bärtige
1539 – 1541 Heinrich der Fromme
1541 – 1553 Moritz von Sachsen

Die Könige
1483 – 1498 König Karl VIII von Frankreich
1498 – 1515 König Ludwig XII von Frankreich
1515 – 1547 König Franz I von Frankreich
1509 – 1547 König Heinrich VIII von England

Andere Herrscher
1518 – 1567 Landgraf Philipp von Hessen
1513 – 1523 Christian II von Dänemark
1523 – 1533 Friedrich I von Dänemark
1533 – 1559 von Christian III von Dänemark

Die Päpste
1484 – 1492 Innocenz VIII
1492 – 1503 Alexander VI
1503 – 1513 Julius II
1513 – 1521 Leo X
1522 – 1523 Hadrian VI
1523 – 1534 Clemens VII
1534 – 1549 Paul III

VIII. Literaturverzeichnis (in Auswahl):

Quellen
Aland, Kurt (Hg.): Luther Deutsch. Die Werke Martin Luthers in neuer Auswahl für die Gegenwart, Bd. 1-10, Stuttgart/Göttingen, 1969 ff. (= Al)
Bornkamm, Karin / Ebeling, Gerhard (Hg.): Martin Luther. Ausgewählte Schriften, Bd. 1-6, Frankfurt a. M. 1983 (= B/E)
Henkys, Jürgen (Hg.): Luthers Tischreden, Darmstadt 2003
Kastner, Ruth: Quellen zur Reformation 1517-1555, Darmstadt 1994
Martin Luther. Ausgewählte Werke, hg. von H. H. Borcherdt und Georg Merz, München 1937 ff. (= MA)
D. Martin Luthers Werke. Kritische Gesamtausgabe, Bd. 1-120, Weimar 1883-2009 (= WA)
Briefwechsel, Bd. 1-15, Weimar 1930-1978 (= WA Briefe)
Tischreden, Bd. 1-6, Weimar 1912-1921 (=WA Tischreden)

Ältere Darstellungen
Böhmer, Heinrich: Luther im Lichte der neueren Forschung. Ein kritischer Bericht, Bonn 1910, Nachdruck Bremen 2015
Der junge Luther, Gotha 1925
Holl, Karl: Gesammelte Aufsätze zur Kirchengeschichte, Bd. I: Luther, Tübingen 1923
Fausel, Heinrich: D. Martin Luther. Leben und Werk, Bd. 1: 1483-1521, Bd. 2: 1522-1546, München/Hamburg 1966
Köstlin, Julius: Luthers Theologie in ihrer geschichtlichen Entwicklung und ihrem inneren Zusam-menhange, 2 Bde., 2. Aufl. Stuttgart 1901, Neudruck Darmstadt 1968

Neuere Darstellungen
Barth, Hans Martin: Die Theologie Martin Luthers. Eine kritische Würdigung, Gütersloh 2009
Brecht, Martin: Martin Luther, 3 Bde., Stuttgart:
Sein Weg zur Reformation 1483-1521 (1981)
Ordnung und Abgrenzung der Reformation 1521-1532 (1986)
Die Erhaltung der Kirche 1532-1546 (1987)
Ebeling, Gerhard: Luther. Einführung in sein Denken, Tübingen 1964
Luthers Seelsorge in seinen Briefen dargestellt, Tübingen 1997

Lutherstudien, Bd. I., Tübingen 1971
Lutherstudien, Bd. II: Disputatio de homine, 3 Teile, Tübingen 1977, 1982, 1989
Martin Luthers Weg und Wort, Frankfurt a. M. 1983
Fabiny, Tibor: Martin Luthers letzter Wille. Das Testament des Reformators und seine Geschichte, Bielefeld 1983
Iserloh, Erwin/Müller,Gerhard (Hg.): Luther und die politische Welt, Stuttgart 1984
Junghans, Helmar (Hg.): Leben und Werk Martin Luthers von 1526 bis 1546, 2 Bde., Göttingen 1983
Kaufmann, Thomas: Geschichte der Reformation, Leipzig 2009
Leppin, Volker: Martin Luther, Darmstadt 2010
Die Reformation, Darmstadt 2013
Lohse, Bernhard: Luthers Theologie in ihrer historischen Entwicklung und in ihrem systematischen Zusammenhang, Göttingen 1995
Martin Luther. Eine Einführung in sein Leben und Werk, München 1981
Oberman, Heiko A.: Luther. Mensch zwischen Gott und Teufel, Berlin o. J.
Schilling, Heinz: Martin Luther. Rebell in einer Zeit des Umbruchs, München 2012
Schwarz, Reinhard: Luther, in: Die Kirche in ihrer Geschichte, Handbuch, hg. von Bernd Moeller, Göttingen 1986
Martin Luther. Lehrer der christlichen Religion, Tübingen 2015
Wolgast, Eike: Die Wittenberger Theologie und die Politik der evangelischen Stände, Gütersloh 1977

Luther-Lexika
Beutel, Albrecht (Hg.): Luther-Handbuch, Tübingen 2005
Leppin, Volker/Schneider-Ludorff, Gury (Hg.): Das Luther- Lexikon, Regensburg 2014

Eine „Studienreihe Luther"
(Luther-Verlag, Bielefeld 2014 ff.)
1 Brakelmann, Günter: Luther. Daten und Fakten
2 Brakelmann, Günter: Luther. Ethik des Politischen
3 Siegert, Volker: Luther und das Recht
4 Beuscher, Bernd: Luther-Reformation, Kommunikation, Medien
5 Zileßen, Dietrich: Tischgesellschaft. Bei Brot und Wein

6 Link, Christian: Calvin. Reformator Westeuropas
7 Raiser, Konrad: Luther ökumenisch
8 Brakelmann, Günter: Müntzer und Luther

Vom Verfasser
Martin Luther – Beiträge zu seinem Verständnis, Kamen 2012:

I. Vorstellung und Interpretation einzelner Schriften von Luther:
An den christlichen Adel deutscher Nation von des christlichen Standes Besserung (1520)
Auslegung des Magnificat (1521)
Von weltlicher Obrigkeit. Wie weit man ihr Gehorsam schuldig sei (1523)
Ob Kriegsleute auch im seligen Stand sein können (1526)
Auslegung des Psalms 101 (1535)

II. Vorträge zu einzelnen Themen bei Luther:
Rechtfertigung und Leistung. „Von der Freiheit eines Christenmenschen", gelesen als Provokation und Hilfe für das moderne Leistungsproblem (1982)
Revolutionäre Elemente der Theologie Luthers und ihre geschichtlichen Konsequenzen (1983)
Arbeit, Wirtschaft und Beruf bei Luther (1989)
Die 10 Gebote als Maßstäbe einer Lebensordnung in der Verantwortung vor Gott und den Menschen (2009)
Luther und die Juden (2011)
Eine Reformationspredigt (2011)

III. Über Lutherbilder:
Das marxistische Lutherbild (1981)
Lutherjubiläum 1883 (1983)
Luther – eine unzeitgemäße Provokation (1983)
Das Lutherjahr 1917 (1997)
Luther und Hitler 1933 (2008)

Anhang

Da die Vorrede Melanchthons zum zweiten lateinischen Band der Werke Luthers von 1546 die erste Lebens- und Werkbeschreibung Luthers nach seinem Tod ist und für die folgenden Jahrhunderte das Lutherbild des Protestantismus entscheidend bestimmt hat, sei sie hier abgedruckt (Melanchthon deutsch, Bd. II, 178 ff.).

Philipp Melanchthon grüßt den frommen Leser!
Unser verehrungswürdiger Martin Luther hatte uns hoffen lassen, er werde seinen Lebenslauf wie auch die Anlässe seiner Kämpfe erzählen. Er hätte es auch getan, wäre er nicht aus diesem vergänglichen Leben zur Gemeinschaft mit Gott und mit der himmlischen Kirche gerufen worden, bevor die Druckerei diesen Band hergestellt hatte. Aber eine treffend geschriebene Betrachtung seines privaten Lebens (es ist nämlich reich an Beispielen, die bei Gutgesinnten zur Stärkung ihrer Frömmigkeit dienen könnten) wie auch eine Darstellung der Anlässe waren hilfreich. Sie könnten die Nachwelt an vieles erinnern und ferner die Schmähungen derer zurückweisen, die vorgeben, er habe entweder auf Betreiben führender Männer oder anderer zur Erschütterung der hohen Stellung der Bischöfe oder von sich aus im eigenen Interesse die Fesseln mönchischer Unfreiheit zerrissen.

Es wäre nützlich, wenn dies von ihm selbst vollständig und ausführlich dargelegt worden wäre. Denn wenn auch Übelmeinende jenen gewöhnlichen Vorwurf erheben wollten: „Er schmeichelt sich selbst", so wissen wir dennoch, dass er so viel Charakterstärke besaß, dass er seine Geschichte mit höchster Glaubwürdigkeit berichtet hätte. Es leben noch viele rechtschaffene und verständige Männer, vor denen es lächerlich gewesen wäre, eine andere Geschichte auszudenken, wie es sich manchmal bei Dichtungen findet; denn er wusste, dass ihnen der Ablauf dieser Ereignisse bekannt war. Da aber der Tod der Herausgabe dieses Bandes zuvorkam, wollen wir das, was wir teils von ihm persönlich gehört, teils selbst erlebt haben, nach bestem Wissen glaubwürdig erzählen.

Die Familie niederen Standes mit dem Nachnamen Luther ist alt und im Herrschaftsbereich der berühmten Grafen von Mansfeld weit verbreitet. Aber Martin Luthers Eltern wohnten zuerst in der Stadt Eisleben, wo Martin Luther geboren wurde. Später zogen sie in die Stadt Mansfeld, wo sein Vater Johannes Luther Ämter bekleidete und wegen seiner Unbescholtenheit bei allen rechtschaffenen Bürgern sehr geschätzt war. Bei seiner Mutter Margarita, der Ehefrau von Johannes Luther, zeigten sich nicht nur die übrigen, einer anständigen verheirateten Frau zukommenden guten Eigenschaften, sondern fielen auch besonders ihre Sittsamkeit, ihre Gottesfurcht und ihre Anrufung Gottes in die Augen. Die anderen anständigen Frauen blickten auf sie wie auf ein Tugendvorbild. Als ich sie mehrmals nach der Zeit fragte, zu der ihr Sohn geboren sei, antwortete sie, sie erinnere sich an Tag und Stunde genau, habe aber Zweifel am Geburtsjahr. Sie versicherte aber, er sei am 10. November, nachts nach der 11. Stunde, geboren und das Kind habe den Namen Martin erhalten, denn der nächste Tag, an dem das Kind durch die Taufe der Kirche eingegliedert wurde, war dem heiligen Martin geweiht. Aber sein Bruder Jakob, ein anständiger und unbescholtener Mann, behauptete, die Meinung der Familie über das Alter seines Bruders sei die gewesen, dass er im Jahre 1483 seit Christi Geburt geboren sei. Nachdem Martin das bildungsfähige Alter erreicht hatte, erzogen die Eltern ihren Sohn daheim, Gott zu erkennen und zu fürchten und sich anderen Tugenden verpflichtet zu fühlen. Wie es bei rechtschaffenen Menschen üblich ist, sorgten sie dafür, dass er Lesen und Schreiben lernte. Der Vater des Georg Oemler trug den noch kleinen Jungen in die Grundschule. Da er noch lebt, kann er unseren Bericht bezeugen.

Damals gab es in den sächsischen Städten nur mittelmäßige Schulen. Als Martin das 14. Lebensjahr erreicht hatte, wurde er daher zusammen mit Johannes Reineck nach Magdeburg geschickt. Dieser zeichnete sich später durch seine Tüchtigkeit aus und genoss deshalb in dieser Region großes Ansehen. Das gegenseitige Wohlwollen zwischen beiden, Luther und Reineck, war immer ausgezeichnet, sei es wegen einer natürlichen Übereinstimmung, sei es wegen der Studiengemeinschaft in ihrer Jugend. Dennoch blieb Luther nicht länger als ein Jahr in Magdeburg und hatte dann in der Lateinschule von Eisenach vier Jahre lang einen Lehrer, der die Grammatik gründlicher und geschickter als anderswo vermittelte. Ich erinnere mich daran, dass Luther seine Begabung lobte. Nach Eisenach wurde er geschickt, weil seine Mutter aus einer rechtschaffenen und alten Familie dieser Gegend stammte. Hier absolvierte er sein Grammatikstudium. Da er aber über große Geisteskraft verfügte und besonderes Redetalent besaß, holte er schnell seine Altersgenossen ein und überragte seine Mitschüler rasch an Ausdrucks- und Redefülle der Sprache wie auch in Prosa und Poesie beim Schreiben.

Nachdem er also den Reiz der Literatur gekostet hatte, zog es ihn zur Universität, zur Quelle aller Wissenschaften, da er von Natur aus ungewöhnlich wissbegierig war. Und er hatte sich mit seiner so großen Geisteskraft die ganze Literatur und alle Wissenschaften aneignen können, wenn er fähige Lehrer gefunden hätte. Vielleicht hätten die ruhigeren Studien der wahren Philosophie und die Sorgfalt in der Gestaltung der Rede ihm geholfen, seine heftige Natur zu mäßigen. Aber er geriet in Erfurt an die recht spitzfindige Dialektik jener Zeit, die er rasch erfasste, weil er mit seinem Scharfsinn die Gründe und Ursprünge ihrer Regeln besser als die anderen durchschaute. Da sein bildungsdurstiger Geist mehr und Besseres suchte, las er für sich die meisten Werke der alten lateinischen Schriftsteller, Cicero, Vergil, Livius und andere. Er las sie nicht wie Knaben, die nur Worte exzerpieren, sondern um daraus Lehren und Anschauungen für das menschliche Leben zu gewinnen. Daher sah er sich auch die Grundsätze und Gedanken dieser Autoren näher an. Weil er ein zuverlässiges und sicheres Gedächtnis hatte, war ihm das meiste, was er gelesen und gehört hatte, deutlich vor Augen. Luther ragte also unter den jungen Leuten so heraus, dass die ganze Universität seine Begabung bewunderte. Als ihm nun im Alter von 20 Jahren der philosophische Magistergrad verliehen worden war, begann er auf den Rat seiner Verwandten das juristische Studium; denn nach ihrer Meinung sollten diese so großen geistigen Fähigkeiten und seine Redegewandtheit für die Öffentlichkeit und für das Gemeinwesen ausgebildet werden.

Aber gegen die Erwartung seiner Eltern und Verwandten kam er wenig später im Alter von 21 Jahren plötzlich zur Bruderschaft der Augustinermönche in Erfurt und bat um Aufnahme. Nach seiner Aufnahme eignete er sich nicht nur mit leidenschaftlichem Eifer die Lehre der Kirche an, sondern besaß auch wegen der großen Strenge der mönchischen Zucht Selbstbeherrschung und übertraf bei weitem alle in allen Übungen der Schriftlesungen, der Disputationen, des Fastens und des Betens. Er brauchte von Natur aus, worüber ich mich oft gewundert habe, trotz seines nicht gerade kleinen und schwachen Körpers nur sehr wenig zum Essen und zum Trinken. Ich habe selbst erlebt, wie er allerdings bei guter gesundheitlicher Verfassung vier Tage hintereinander überhaupt nichts aß oder trank. Ich habe erlebt, dass er sich auch sonst oft an vielen Tagen täglich nur mit etwas Brot und Fischsuppe begnügte.

Wie er mir persönlich erzählte und wie viele wissen, war der Anlass, diese Lebensform einzuschlagen, die nach seiner Ansicht der Frömmigkeit und den Studien der Theologie angemessen war, folgender: Wenn er über Gottes

Zorn oder seine ungewöhnlichen Strafexempel gründlicher nachdachte, erschütterten ihn oft plötzlich so große Schrecken, dass er beinahe die Besinnung verlor. Ich habe es selbst erlebt, wie er bei einer Disputation über die Lehre vor Anspannung außer sich geriet und sich in einem benachbarten Ruhezimmer aufs Bett legte. Dort flocht er folgenden Satz wiederholt in sein Gebet: „Er hat alles der Sünde unterworfen, um sich aller zu erbarmen." Diese Schrecken empfand er wohl als erste und härteste ihrer Art in dem Jahr, in dem er einen Freund verloren hatte, der durch irgendeinen Unglücksfall ums Leben gekommen war.

So veranlasste ihn also nicht seine Armut zu jener monastischen Lebensweise, sondern sein Ringen um Frömmigkeit. Obwohl er sich dabei die an den Universitäten gebräuchliche Lehre täglich aneignete, Quaestionensammlungen las und bei öffentlichen Disputationen zur Bewunderung vieler die für andere unentwirrbaren Labyrinthe verständlich erklärte, betrieb er diese Studien gewissermaßen nur nebenbei; denn er suchte in dieser Lebensform nicht geistigen Ruhm, sondern Nahrung für seine Frömmigkeit. Die scholastischen Methoden erfasste er leicht. Währenddessen las er selbst begierig die Quellen der himmlischen Lehre, nämlich die prophetischen und apostolischen Schriften, um seinen Geist über Gottes Willen zu belehren und seine Gottesfurcht und seinen Glauben mit zuverlässigen Zeugnissen zu fördern. Seine Schmerz- und Angsterlebnisse trieben ihn, diesem Studium noch intensiver nachzugehen. Wie er erzählte, wurde er durch die Gespräche mit einem alten Mann [Johannes Greffenstein] im Augustinerkloster zu Erfurt oft darin bestärkt. Als er ihm seine Bestürzungen enthüllte, hörte er ihn viele Gedanken über den Glauben entwickeln, und er sagte, er sei an das Glaubensbekenntnis verwiesen worden, in dem es heißt: Ich glaube die Vergebung der Sünden. Diesen Glaubensartikel hatte jener so ausgelegt, dass man nicht im Allgemeinen glauben solle, dass irgendwelchen Menschen vergeben werde, wie auch die Dämonen glauben, dass David oder Petrus vergeben werde, sondern dass es ein Gebot Gottes sei, dass wir Menschen jeder für sich glauben, uns würden die Sünden vergeben. Er behauptete, diese Auslegung sei durch einen Ausspruch Bernhards belegt und die Stelle sei ihm in seiner Predigt über die Verkündigung Mariens gezeigt worden, wo sich die folgenden Worte finden: „Aber füge hinzu, dass du auch daran glaubst, dass DIR durch ihn die Sünden erlassen werden. Dieses ist das Zeugnis, das der Heilige Geist in deinem Herzen gibt, wenn er sagt: ‚Deine Sünden sind dir vergeben.' So glaubt nämlich der Apostel, dass der Mensch durch seinen Glauben umsonst gerecht gemacht werde." Luther sagte, er sei durch dieses Wort nicht nur bestärkt, sondern an die ganze Auffassung des Paulus erinnert worden, der so oft das folgende Wort einschärft: „Wir werden durch den Glauben gerechtgemacht." Nachdem er darüber viele Auslegungen gelesen hätte, habe er damals infolge des Gesprächs mit ihm wie auch wegen der Tröstung seines Geistes die Unwahrheit der Interpretationen erkannt, die damals gängig waren. Allmählich wurde ihm beim Lesen und beim Vergleich der Aussagen und Beispiele, die bei den Propheten und bei den Aposteln aufgeführt werden, und während sein Glaube durch die tägliche Anrufung Gottes erweckt wurde, mehr Licht der Erkenntnis zuteil.

Darauf begann er auch die Bücher des Augustinus zu lesen. Dort fand er bei der Erklärung der Psalmen wie auch in seinem Buch „Der Geist und der Buchstabe" viele erhellende Aussagen, die seine Lehre über den Glauben und seine Tröstung, die in seinem Herzen entzündet war, festigten. Dennoch ließ er nicht ganz und gar die Spruchsammlungen außer Acht. Er konnte Gabriel Biel und Petrus von Ailly, den Bischof von Cambrai, fast aufs Wort genau aus dem Gedächtnis zitieren. Er las die Schriften Ockhams lange und ausgiebig. Dessen geistige Schärfe zog er dem Ihomas von Aquin und dem Duns Scotus vor. Er hatte auch Gerson gründlich gelesen. Aber die Werke des Augustinus hatte er oft vollständig gelesen und sehr gut im Gedächtnis.

Dieses höchst intensive Studium begann er in Erfurt, in dessen augustinischer Bruderschaft er vier Jahre lang weilte. Aber zu der Zeit, in der der verehrenswerte Staupitz, der die Anfänge der Universität Wittenberg unterstützt hatte, das Theologiestudium an der neuen Universität beleben wollte, versetzte er 1508 den bereits 26-jährigen Luther in Erwägung seiner geistigen Fähigkeiten und seiner Bildung nach Wittenberg. Hier begann sein Geist heller zu leuchten, wenn er die täglichen Vorlesungen und Predigten hielt. Als ihn verständige Männer, Doktor Martin Mellerstadt und andere, aufmerksam an-gehört hatten, sagte Mellerstadt oft, dieser Mann habe so große geistige Energie, dass er klar voraussage, er werde die übliche Lehre, die damals als einzige an den Universitäten gelehrt wurde, nach Inhalt und Methode verändern. Hier erklärte er zuerst die Dialektik und die Physik des Aristoteles, ohne sein Bemühen aufzugeben, theologische Schriften zu lesen.

Nach drei Jahren reiste er wegen Streitigkeiten unter den Mönchen nach Rom. Als er im selben Jahr zurückgekehrt war, wurde er nach dem Brauch der Universitäten mit dem Doktorgrad, wie wir es üblicherweise ausdrücken, ausgezeichnet. Friedrich, der Kurfürst von Sachsen, bestritt die Kosten. Er hatte nämlich seine Predigten gehört und seine geistige Energie, die Wirksamkeit seiner Rede und die hohe Qualität der dargelegten Themen in seinen Predigten bewundert. Damit man erkennen kann, dass ihm der Doktorgrad wegen einer gewissen Reife des Urteils zugesprochen worden ist, möge man wissen, dass es sich in Luthers 30. Lebensjahr ereignete. Er erzählte selbst, ihm sei, obwohl er sich dem völlig entzog und verweigerte, von Staupitz aufgetragen worden, sich mit diesem Grad auszeichnen zu lassen. Dieser habe spaßeshalber geäußert, Gott werde in der Kirche schon viele Aufgaben haben, für die er seinen Einsatz brauche. Obwohl diese Bemerkung damals nur im Scherz vorgebracht wurde, entsprach ihr dennoch das tatsächliche Ergebnis, wie eben viele Voraussagen den Veränderungen vorherzugehen pflegen.

Danach begann er, den Römerbrief zu erklären, darauf die Psalmen. Diese Schriften erläuterte er so, dass nach dem Urteil aller Frommen und Klugen offensichtlich nach einer langen und finsteren Nacht ein neues Licht der Lehre aufging. Hier zeigte er den Unterschied zwischen Gesetz und Evangelium auf. Hier widerlegte er den Irrtum, der damals an den Universitäten und in den Predigten vorherrschte, wonach die Menschen die Vergebung der Sünden durch eigene Leistungen verdienten und vor Gott wegen ihres ordentlichen Lebenswandels gerecht seien, wie es die Pharisäer lehrten. Luther rief also das Denken der Menschen zum Sohn Gottes zurück, und wie Johannes der Täufer „auf das Lamm Gottes wies, das unsere Sünden trug", so zeigte er, dass die Sünden um des Sohnes Gottes willen umsonst vergeben würden. Man müsse allerdings diese Gnade im Glauben annehmen. Er erläuterte auch die übrigen Teile der kirchlichen Lehre.

Diese erfolgreichen Anfänge verschafften ihm große Autorität, besonders weil sein Verhalten mit seinen Worten übereinstimmte und weil seine Worte offensichtlich nicht von den Lippen, sondern aus dem Herzen kamen. Bei seinen Zuhörern ergab sich aus der Bewunderung seines Lebensstils große Zuneigung, wie auch schon die Alten sagten: „Entscheidende Glaubwürdigkeit hat der Lebenswandel." Als er später einige überkommene Riten änderte, leisteten ihm daher ehrenwerte Männer, die ihn kannten, weniger heftigen Widerstand. Sie stimmten ihm wegen seiner Autorität, die er sich durch die anschauliche Darstellung dessen, was gut ist, wie auch durch die Untadeligkeit seines Lebenswandels erworben hatte, in den Ansichten zu, derentwegen sich der Erdkreis entzweite, wie sie mit großer Betrübnis ansehen mussten.

Aber Luther änderte damals noch nichts an den Riten. Er war im Gegenteil unter seinen Anhängern ein pedantischer Hüter der Lehre. Auch hatte er nichts von den ziemlich abstoßenden Vorstellungen zugemischt, sondern stellte die allgemeine und für alle ganz und gar notwendige Lehre über die Buße, über den Glauben, über die wirklichen Tröstungen im Kreuz immer anschaulicher dar. Alle Gottesfürchtigen wurden von der Anziehungskraft dieser Lehre sehr ergriffen. Die Gebildeten begrüßten es, dass Christus, die Propheten und Apostel gleichsam aus der Finsternis, aus dem Kerker und aus der Verschmutzung hervorgeholt wurden, dass man den Unterschied zwischen Gesetz und Evangelium wahrnahm, ebenso zwischen den Verheißungen des Gesetzes und der evangelischen Verheißung, zwischen Philosophie und Evangelium – er war bei Thomas, Scotus usw. nicht vorhanden – und zwischen der geistlichen und der politischen Gerechtigkeit.

Es kam hinzu, dass durch die Schriften des Erasmus die Interessen der Jugend bereits dahin gelenkt worden waren, die lateinische und die griechische Sprache kennenzulernen. Da bereits eine attraktivere Lehrweise dargeboten wurde, begannen daher viele, die mit guten und für Bildung offenen Anlagen begabt waren, die barbarische und sophistische Lehre der Mönche zu verabscheuen.

Luther selbst fing an, sich dem Studium der griechischen und hebräischen Sprache zu widmen, um besser urteilen zu können, wenn er erst die eigentliche sprachliche Bedeutung und die Ausdrucksweise der Sprache kennengelernt und die Lehre aus ihren Quellen geschöpft haben würde.

Als Luther diese Laufbahn eingeschlagen hatte, wurden in dieser Gegend vom Dominikaner Tetzel, einem unverschämten Gauner, käuflich erwerbbare Ablässe unter die Leute gebracht. Weil Luther über seine gottlosen und frevelhaften Predigten aufgebracht war, veröffentlichte er in seinem leidenschaftlichen Streben nach Frömmigkeit die Thesen über die Ablässe, die im ersten Band seiner Schrif-ten vorliegen. Er schlug sie am Vortag von Allerheiligen 1517 öffentlich an der Kirche an, die an das Schloss von Wittenberg grenzt. Bei dieser Gelegenheit hoffte Tetzel, sich ganz nach seiner Art beim Papst in Rom beliebt zu machen, und berief sich einen Rat aus einigen Mönchen und Theologen, die ihre Nasen nur sehr flüchtig in die eigene Sophistik gesteckt hatten. Er beauftragte sie, gegen Luther zu schreiben. Inzwischen schleuderte er selbst, um keine stumme Person zu sein, nicht mehr nur Predigten gegen Luther, sondern Blitze. Überall erhob er laut seine Stimme, dieser Häretiker müsse verbrannt werden. Auch warf er Luthers Thesen und seine Predigt über die Ablässe öffentlich ins Feuer. Dieses Wüten Tetzels und seiner Helfershelfer brachte Luther notwendigerweise dazu, dieses Thema ausführlicher zu erörtern und seine Wahrheit zu verteidigen.

Dies war der Beginn des Streites, in dem Luther, ohne bis dahin die künftige Veränderung der Riten zu erahnen oder zu erträumen, keineswegs die Ablässe selbst verwarf, sondern nur ihren maßvollen Gebrauch forderte. Deshalb kritisieren ihn jetzt diejenigen fälschlich, die behaupten, er habe mit einer plausiblen Sache angefangen, um später das Gemeinwesen zu verändern und für sich und andere Macht zu erwerben. Weit entfernt, von Höflingen angestiftet oder aufgewiegelt zu sein, wie der Herzog Heinrich von Braunschweig schrieb, war auch Herzog Friedrich darüber betrübt, dass Streitigkeiten entfacht wurden. Er sah weit voraus, dass diese Flamme, obwohl sie von einer plausiblen Sache ausging, dennoch allmählich weiter um sich greifen werde, wie es bei Homer heißt: „Anfangs ein wenig noch bang, erhebt er sich bald in die Lüfte."

Friedrich war als Einziger von allen Fürsten unserer Zeit ein großer Liebhaber der öffentlichen Ruhe und auch überhaupt nicht auf den eigenen Vorteil bedacht. Gewöhnlich richtete er seine Entschlüsse vor allem auf das allgemeine Wohl der Erde aus, wie man aus vielem erkennen kann. Deshalb verhielt er sich Luther gegenüber weder als ein Aufwiegler noch als ein Beifallspender. Da er größere Entzweiungen fürchtete, ließ er oft seinen Schmerz, der ihn beständig begleitete, erkennen.

Aber dieser verständige Mann richtete sich nicht nur nach weltlichen Urteilen, die gebieten, schon die leisesten Anfänge aller politischen Umwälzungen sehr schnell zu unterdrücken, sondern er bezog auch die göttliche Norm in seine Entscheidungen ein, die gebietet, auf das Evangelium zu hören, die verbietet, sich der anerkannten Wahrheit zu widersetzen, und die die wahrheitsfeindliche Verstocktheit, die von Gott schauderhaft verdammt worden ist, Blasphemie nennt. Deshalb machte er es wie viele gottesfürchtige und weise Männer vor ihm: Er beugte sich Gott, las eifrig, was geschrieben wurde, und wollte nicht vernichten, was nach seinem Urteil richtig war. Ich weiß auch, dass er sich oft nach den Ansichten gebildeter und verständiger Männer gerade über diese Probleme erkundigt hat. So bat er auf dem Reichstag, den Kaiser Karl V. nach seiner Krönung in der Stadt Kola abhielt, Erasmus von Rotterdam freundlich, frei heraus zu sagen, ob Luther seiner Ansicht nach in den Streitfragen, die er vor allem erörtert habe, im Irrtum sei. Da erklärte ihm Erasmus offen, dass Luther recht denke, dass er aber bei ihm die Sanftmut vermisse. Danach schrieb Herzog Friedrich Luther darüber einen sehr ernsten Brief und ermahnte ihn sehr, die Grobheit seines Stils zu mäßigen.

Es ist auch bekannt, dass Luther dem Kardinal Cajetan Stillschweigen versprechen wollte, wenn es auch seinen Gegnern auferlegt werde. Daraus kann man eindeutig erkennen, dass er zumindest damals noch nicht entschlossen war, unmittelbar darauf weitere Streitigkeiten zu schüren, sondern dass er Frieden wünschte, dass er sich aber nach und nach zu anderen Zündstoffen verleiten ließ, da ihn wissenschaftlich ungebildete Autoren von allen Seiten dazu herausforderten.

Es folgten also die Disputationen über den Unterschied zwischen den göttlichen und den menschlichen Gesetzen, über die abscheuliche Entheiligung des Herrenmahles in seinem Verkauf und in seiner Zuwendung für andere. Hier musste das ganze Wesen des Opfers entfaltet und der Gebrauch der Sakramente erklärt werden. Als nun gottesfürchtige Menschen in den Klöstern hörten, dass man Götzen meiden müsse, begannen sie, aus der gottlosen Unfreiheit auszubrechen. So fügte also Luther zur Erklärung der Lehre über die Umkehr zu Gott, über die Vergebung der Sünden, über den Glauben und über die Ablässe weiterhin noch folgende Themen hinzu: den Unterschied zwischen den göttlichen und den menschlichen Gesetzen, die Lehre über den Gebrauch des Abendmahls und der übrigen Sakramente und über die Gelübde. Dies waren die hauptsächlichen Streitpunkte. Die Frage nach der Gewalt des Bischofs von Rom warf Eck nur deshalb auf, um den Hass des Papstes und der Könige gegen ihn zu schüren.

Das apostolische, das nizänische und das athanasianische Glaubensbekenntnis behielt er völlig unangetastet bei. Darauf legte er in vielen Schriften ausführlich dar, was an den Riten und den menschlichen Traditionen geändert werden müsse und warum. Was er bewahren wollte und welche Formen der Lehre und der Verwaltung der Sakramente er guthieß, wird aus dem Augsburger Bekenntnis klar, das der Kurfürst von Sachsen, Johann, und der Fürst Philipp, der Landgraf von Hessen, und andere 1530 auf dem Reichstag zu Augsburg Kaiser Karl V. vorlegten. Ebenso wird es aus den Riten der Gemeinde hier in unserer Stadt und aus der Lehre klar, die unsere Gemeinde verkündet und deren Hauptinhalt im Augsburger Bekenntnis eindeutig zusammengefasst ist. Ich erwähne dies deshalb, damit die Gottesfürchtigen nicht nur beachten, welche Irrtümer Luther getadelt, welche Götzen er beseitigt hat, sondern damit sie auch wissen, dass er die notwendige Lehre der Kirche insgesamt umrissen, die Reinheit der Riten wiederhergestellt und den Gottesfürchtigen Beispiele für die Erneuerung der Gemeinde gezeigt hat. Es ist nützlich, dass die Nachwelt weiß, was Luther gutgeheißen hat.

An dieser Stelle will ich nicht erwähnen, wer zuerst das Herrenmahl unter beiderlei Gestalt darreichte, wer zuerst die Privatmessen aufgab, wo zuerst Klöster verlassen wurden. Denn Luther hatte vor dem Reichstag in Worms über diese Themen nur wenig diskutiert. Er selbst änderte die Riten nicht, sondern in seiner Abwesenheit Karlstadt und andere. Da Karlstadt einiges ziemlich rebellisch ausgeführt hatte, legte Luther bei seiner Rückkehr dar, was er billigte und was nicht, indem er einleuchtende Beweise seiner Auffassung vortrug.

Wir wissen, dass die Politiker alle Umwälzungen heftig verabscheuen, und man muss zugeben, dass sich sogar durch Entzweiungen, die aus höchst berechtigten Gründen entstanden sind, bei dieser betrüblichen Unordnung im menschlichen Leben immer etwas Unheilvolles einschleicht. Dennoch muss man bekennen, dass in der Kirche das Gebot Gottes allen menschlichen Interessen vorgezogen werden muss. Der ewige Vater hat über seinen Sohn Folgendes gesagt: „Dies ist mein geliebter Sohn, hört auf ihn!" Den Gotteslästerern, d. h. denen, die die anerkannte Wahrheit auszulöschen versuchen, droht er seinen ewigen Zorn an. Darum war es Luthers gottesfürchtige und notwendige Aufgabe, zumal er ein Lehrer der Kirche Gottes war, gefährliche Irrtümer, die epikureische Menschen auch noch mit neuer Unverschämtheit vermehrten, seiner Kritik zu unterziehen. Es war auch unumgänglich, dass seine Hörer ihm zustimmten, wenn er die rechte Lehre verkündete. Wenn aber eine Umwälzung ärgerniserregend ist, wenn in der Uneinigkeit viele Nachteile stecken, wie wir mit großer Betrübnis tatsächlich viele wahrnehmen, liegt die Schuld einerseits bei denen, die die Irrtümer zuerst verbreitet haben, andererseits bei denen, die sie jetzt mit teuflischem Hass in Schutz nehmen.

Ich erwähne dies nicht nur deshalb, um Luther und seine Hörer zu verteidigen, sondern damit auch die gottesfürchtig Gesinnten jetzt und für die spätere Zeit darüber nachdenken, wie die Leitung der wahren Kirche beschaffen ist und schon immer beschaffen war, wie sich Gott durch das Wort des Evangeli-ums aus dieser Sündenmasse, d. h. aus dem großen Menschengewirr, in dem das Evangelium wie ein Funke in der Dunkelheit leuchtet, seine unvergängliche Kirche auserwählt. Wie zur Zeit der Pharisäer Zacharias, Elisabeth, Maria und andere dennoch Bewahrer der echten Lehre waren, so gab es auch vor unserer Zeit viele, die Gott in rechter Weise anriefen und mehr oder minder deutlich an der Lehre des Evangeliums festhielten. Von dieser Art war auch jener alte Mann, von dem ich bereits gesprochen habe, der Luther oft aufgerichtet hat, wenn er von seinen Ängsten heimgesucht wurde, und der ihm in der Lehre über den Glauben in etwa die Richtung gewiesen hat. So lasst uns mit leidenschaftlichen Bitten Gott anflehen, er möge das Licht des Evangeliums hinfort bei vielen erhalten, wie auch Jesaja für seine Schüler betete: „Versiegle das Gesetz in meinen Schülern!" Weiterhin zeigt diese Darlegung, dass falsche abergläubische Bräuche nicht dauerhaft sind, sondern durch göttliche Fügung ausgerottet werden. Da dies die Ursache von Umwälzungen ist, muss man sich davor in Acht nehmen, dass in der Kirche Irrtümer gelehrt werden.

Aber ich kehre zu Luther zurück. Wie er sich anfangs ohne privaten Ehrgeiz auf diese Streitsache einließ, so war er sich trotz seines leidenschaftlichen und jähzornigen Naturells immer seiner Aufgabe bewusst. Er kämpfte nur durch seine Lehrtätigkeit und verbot, zu den Waffen zu greifen. Klug unter-schied er die in ihrer ganzen Art verschiedenen Pflichten, die eines Bischofs, der seine Kirche unterweist, und die der Staatsgewalten, die das gemeine Volk eines bestimmten Gebietes mit dem Schwert in Schranken halten.

Der Widersacher, der die Kirche durch Ärgernisse zu sprengen und Gott zu beleidigen sucht und schadenfroh, wie er ist, am Verderben unglücklicher Menschen sein Vergnügen findet, hatte mehrfach aufsässige Köpfe wie Thomas Müntzer und dergleichen dazu angefeuert, Aufstände zu erregen. Deshalb verurteilte Luther aufs schärfste jenes verblendete Unterfangen und hielt die Würde und alle Bande der öffentlichen Ordnung nicht nur in Ehren, sondern festigte sie auch. Wenn ich mir überlege, wie viele bedeutende Männer in der Kirche in dieser Frage oft gedankenlos gefaselt haben, zeigt sich mir ganz deutlich, dass sich sein Herz nicht nur von menschlicher Gewissenhaftigkeit, sondern auch vom göttlichen Licht leiten ließ, innerhalb der Grenzen seines Amtes so konsequent zu bleiben. Er verabscheute also nicht nur die rebellischen Lehrer dieser Zeit, Thomas Müntzer und die Wiedertäufer, sondern auch diejenigen Bischöfe in Rom, die mit ihren, ohne göttlichen Auftrag aufgestellten, Dekreten äußerst dreist und unverschämt beteuerten, dass Petrus nicht nur das Amt der Evangeliumsverkündigung, sondern auch politische Befehlsgewalt übertragen worden sei.

Überhaupt war er für alle ein Mahner, Gott zu geben, was Gott gebührt, und dem Kaiser, was dem Kaiser gebührt, d. h. Gott mit wahrer Buße, mit der Erkenntnis und der Verbreitung der wahren Lehre, mit wahrer Anrufung und mit Taten eines guten Gewissens zu verehren. Aber jeder solle seiner Staatsmacht um Gottes willen in allen bürgerlichen Pflichten respektvoll gehorchen. So war jedenfalls Luther selbst: Er gab Gott, was Gott gebührt, lehrte die rechte Lehre und rief Gott in rechter Weise an. Er besaß auch andere Tugenden, die für einen Menschen, der bei Gott Gefallen findet, notwendig sind. Demgemäß vermied er in seinem politischen Verhalten alle aufrührerischen Pläne mit großer Standhaftigkeit. Ich bin der Meinung, dass diese guten Eigenschaften so große Vorzüge sind, dass man in diesem Leben andere, noch größere Vorzüge nicht anstreben kann.

Die Tugend ebendieses Mannes, der Gottes Gaben ehrfürchtig genutzt hat, verdient gewiss Lob. Dennoch muss man vor allem Gott danken, dass er uns das Licht des Evangeliums durch ihn wiederhergestellt hat. Seine Lehre muss im Bewusstsein bleiben und verbreitet werden. Ich lasse mich auch nicht vom Geschrei der Spötter und Kritiker erschüttern, die offenkundige Wahrheiten verhöhnen oder verurteilen, sondern ich glaube wahrhaftig, dass gerade dieses Wort der Lehre, das in unseren Gemeinden verkündet wird, der dauerhafte Konsens der allumfassenden Kirche ist und dass von der Anerkennung dieser Lehre notwendigerweise die Anrufung Gottes und die Lebensführung bestimmt werden muss, dass überhaupt gerade dies die Lehre ist, von der Gottes Sohn sagt: „Wenn mich einer liebt, wird er mein Wort bewahren, und mein Vater wird ihn lieben, und wir werden zu ihm kommen und bei ihm Wohnung nehmen." Ich spreche nämlich vom Hauptinhalt der Lehre, wie sie in unseren Gemeinden von den Gottesfürchtigen und Gebildeten verstanden und ausgelegt wird. Denn wenn auch manchmal die Auslegungen der einen den eigentlichen Sinn und Zusammenhang besser erfassen als die anderen oder der eine sich manchmal gröber als der andere ausdrückt, so besteht dennoch unter den Gottesfürchtigen und Gebildeten in der Hauptsache Übereinstimmung.

Nach häufigem und langem Nachdenken über die Lehre in der ganzen Zeit von den Aposteln an scheint es mir, dass auf die ursprüngliche Reinheit vier deutliche Veränderungen der Lehre folgten. Es gab zwar zur Zeit des Origenes einige Rechtgläubige, wie es nach meiner Meinung Methodius war, der die abweichenden Vorstellungen des Origenes missbilligte. Dennoch verkehrte dieses Zeitalter das Evangelium in den Köpfen der Leute in Philosophie, d. h., es drängte die Überzeugung auf, dass eine maßvolle Ausbildung der Vernunft die Vergebung der Sünden verdiene und diejenige Gerechtigkeit sei, von der gesagt wird: „Der Gerechte wird aus seinem Glauben leben." Diese Zeit gab den Unterschied zwischen Gesetz und Evangelium fast ganz auf und vergaß die apostolische Verkündigung. Sie behielt nämlich nicht die ursprüngliche Bedeutung der Wörter Schrift, Geist, Gerechtigkeit und Glauben bei.

Wenn die eigentliche Bedeutung der Wörter, die Zeichen von Dingen sind, verloren gegangen ist, müssen andere Dinge erdacht werden. Aus diesem Samen entstand der Irrtum des Pelagius, der weit verbreitet wurde. Nachdem also die Apostel der Kirche die unverfälschte Lehre und reine und heilsame Quellen übergeben hatten, ließ Origenes also viel Unrat eindringen.

Um die Irrtümer dieser Zeit wenigstens zu einem Teil zu berichtigen, berief Gott den Augustinus. Dieser reinigte wieder etwas die Quellen, und ich zweifle nicht daran, dass wir ihn ganz und gar zum Befürworter hätten, wenn er über die Kontroversen unserer Zeit Schiedsrichter wäre. Über die unentgeltliche Vergebung, über die Gerechtigkeit im Glauben, über den Gebrauch der Sakramente und über das, was für den Glauben gleichgültig ist, stimmt er gewiss ausdrücklich mit uns überein. Aber wenn er auch seine Absicht an der einen Stelle mehr, an der anderen weniger sprachgewandt oder angemessen darlegt, wird der Leser dennoch anerkennen, dass er mit uns übereinstimmen würde, wenn er ihr Klarheit und Geschmeidigkeit im Ausdruck hinzufügte. Wenn nämlich unsere Gegner manchmal gegen uns Sätze zitieren, die sie ihm entnommen haben, und sich mit lautem Geschrei auf die Väter berufen, dann tun sie das nicht aus Liebe zur Wahrheit und zur alten Sittenstrenge, sondern sie verbrämen die gegenwärtigen Götzenbilder in betrügerischer Weise mit der Autorität der alten Schriftsteller, denen die Götzen der jüngsten Zeit unbekannt waren.

Es ist aber offenkundig, dass die Ursachen der abergläubischen Ansichten gleichwohl in der Zeit der Väter entstanden sind. Daher hat Augustinus auch einiges über die Gelübde festgelegt, obwohl er auch darüber weniger abstoßend spricht als die anderen. Aber auf einzelne Menschen, sogar gute Menschen, lassen die verderblichen Einflüsse ihrer Zeit immer etwas Verkehrtes abfärben, weil wir ebenso wie dem Vaterland auch den gegenwärtigen Gewohnheiten, mit denen wir groß geworden sind, zuneigen. Der bekannte Ausspruch des Euripides ist absolut wahr: „Alles Vertraute ist angenehm." Würden doch alle, die damit prahlen, sich nach Augustinus zu richten, die bleibende Ansicht des Augustinus und, um es so zu sagen, sein Herz wiedergeben, nicht aber nur verstümmelte Aussprüche nach ihren Meinungen umbiegen!

Das durch die Schriften des Augustinus wiederhergestellte Licht war für die Nachwelt von Nutzen. Denn danach befolgten Prosper, Maximus, Hugo von St. Viktor und andere, die die Studien leiteten, bis zur Zeit Bernhards so ziemlich die Norm des Augustinus. Doch da inzwischen die Macht und der

Reichtum der Bischöfe wuchsen, folgte gewissermaßen das Zeitalter der Giganten. Weltliche und ungebildete Menschen regierten in der Kirche. Einige von ihnen waren in den Intrigen des römischen Hofes und im kanonischen Recht ausgebildet.

Also traten die Dominikaner und die Franziskaner auf, die eine bescheidenere Lebensform schufen; denn sie sahen die Verschwendungssucht und den Reichtum der Bischöfe und verabscheuten ihr weltliches Benehmen. Sie schlossen sich gewissermaßen in die Kerker der mönchischen Zucht ein. Aber erstens vermehrte ihre eigene Unwissenheit den Aberglauben; zweitens versuchten sie wohl, die Menschen zu den theologischen Studien zurückzurufen – sie beobachteten nämlich, dass sich die Studien der Menschen an den Hochschulen der Rechtswissenschaft zuwandten, weil man in Rom durch Prozesse bereits zu größerem Einfluss und Vermögen gelangen konnte –, aber es fehlte ein Konzept. Albertus und andere, die sich der Lehre des Aristoteles verschrieben hatten, begannen, die Lehre der Kirche in Philosophie umzuformen. Dieses vierte Zeitalter schüttete nicht nur Schmutz, sondern dazu noch Gifte, d. h. Meinungen, die offenkundige Götzen anerkannten, in die Quellen des Evangeliums. Bei Thomas, Scotus und anderen gibt es so viele Labyrinthe und falsche Meinungen, dass sich vernünftigere Theologen immer nach einer anderen verständlicheren und reineren Gestalt der Lehre sehnten.

Man kann nur mit unerhörter Unverschämtheit behaupten, es habe keiner Änderung dieser Lehre bedurft; denn es ist offenkundig, dass ein großer Teil der Spitzfindigkeiten in jenen Disputationen nicht einmal von denen verstanden werden, die mit dieser Art Lehre vertraut sind. Ferner wird Götzenwahn offensichtlich dort verfestigt, wo man die Zuwendung eines Opfers kraft des gewirkten Werkes lehrt, wo man die Anrufung von Statuen rechtfertigt, wo man abstreitet, dass die Sünden wegen des Glaubens vergeben werden, wo man aus menschlichen Zeremonien Gewissensqualen macht. Schließlich gibt es noch andere abstoßendere und gotteslästerliche Dinge, bei deren Vergegenwärtigung ich am ganzen Körper erschaudere.

Lasst uns also Gott danken, dem ewigen Vater unseres Herrn Jesus Christus, der durch den Dienst Martin Luthers den Unrat und die Gifte aus den Quellen des Evangeliums wieder entfernen wollte und die reine Lehre der Kirche wiederhergestellt hat. Alle Gottesfürchtigen auf der ganzen Welt sollten, wenn sie das bedenken, ihre Gebete und Wehklagen miteinander verbinden und mit inbrünstigen Herzen Gott bitten, das, was er in uns gewirkt hat, um seines heiligen Tempels willen zu festigen.

„Lebendiger und wahrer Gott, ewiger Vater unseres Herrn Jesus Christus, Schöpfer aller Dinge und der Kirche, dies ist dein Wort und deine Verheißung: ‚Um meines Namens willen will ich mich eurer erbarmen. Um meinetwillen, ja um meinetwillen will ich's tun, dass ich nicht gelästert werde.' Ich bitte dich aus ganzem Herzen: Erwähle dir mit dem Wort des Evangeliums zu deiner und deines Sohnes Ehre immer auch aus unserer Mitte eine unsterbliche Kirche! Lenke mit dem Heiligen Geist unsere Herzen um deines Sohnes willen, unseres Herrn Jesus Christus, der für uns gekreuzigt und auferweckt wurde, des Mittlers und Fürsprechers, damit wir dich in Wahrheit anrufen und dir wohlgefällige Dienste leisten!

Lenke auch die Studien der Lehre, leite und bewahre diese Staatsverwaltungen und ihre Ordnung! Da du also das Menschengeschlecht erschaffen hast, um von ihm anerkannt und angerufen zu werden (deshalb hast du dich auch durch deutliche Bezeugungen offenbart), wirst du nicht zulassen, dass diese Scharen vernichtet werden, in denen deine Lehre zur Sprache kommt. Als dein Sohn, unser Herr Jesus Christus, in sein Todesleiden ging, betete er für uns: ‚Vater, heilige sie in der Wahrheit, dein Wort ist Wahrheit.' Deshalb verbinden wir unsere Wünsche mit diesem Gebet unseres Priesters und bitten zusammen mit ihm, dass deine Lehre beim Menschengeschlecht immer leuchte und uns regiere."

Wir haben auch Luther diese Bitte täglich sprechen hören, und unter diesen Bitten wurde seine Seele sanft aus seinem sterblichen Leib gerufen, als er bereits im dreiundsechzigsten Lebensjahr stand.

Die Nachwelt besitzt viele schriftliche Zeugnisse seiner Lehre und seiner Frömmigkeit. Er hat Lehrschriften herausgegeben, in denen er die für uns Menschen heilbringende und notwendige Lehre zusammengefasst hat. Sie unterweist die Gutgesinnten in der Umkehr zu Gott, im Glauben und in den wahren Früchten des Glaubens; im Gebrauch der Sakramente, in der Unterscheidung von Evangelium und Philosophie, in der Würde des politischen Standes, schließlich in den übrigen Artikeln der Lehre, die in den Gemeinden lebendig sein muss. Er hat ferner Streitschriften hinzugefügt, in denen er viele für die Menschen verderbliche Irrtümer widerlegt. Auch hat er exegetische Schriften, d. h. sehr viele Erläuterungen zu den prophetischen und apostolischen Schriften veröffentlicht. Sogar seine Gegner müssen anerkennen, dass er in dieser Gattung die vorhandenen Auslegungen aller Exegeten übertrifft.

Alle, die gottesfürchtig denken, erkennen, dass schon diese Verdienste groß sind. Aber die Übersetzung des Alten und des Neuen Testaments, in der eine so große Klarheit herrscht, dass die deutsche Lektüre einen Kommentar ersetzen kann, kommt sicherlich den obengenannten Werken an Nutzen und aufgewandter Mühe gleich. Die Übersetzung ist dennoch nicht kommentarlos schlicht, sondern ihr sind sehr gelehrte Anmerkungen und für die einzelnen Teile Inhaltsangaben beigegeben, die auf das Ganze der himmlischen Lehre hinweisen. Sie unterrichten den Leser über die literarische Gattung, damit Gutgesinnte unmittelbar aus den Quellen sichere Zeugnisse für die Lehre entnehmen können.

Luther wollte nämlich in seinen Schriften nicht das Denken aller Leser ausschalten, sondern zu den Quellen hinführen. Er wollte, dass wir Gottes Stimme selbst vernehmen. Durch sie wollte er bei vielen den wahren Glauben und die wahre Anrufung erwecken, damit Gott in Wahrheit gepriesen werde und viele zu Erben des ewigen Lebens würden.

Es ist angebracht, diese Absicht und diese so großen Anstrengungen mit Dankbarkeit zu preisen wie auch um des Vorbildes willen im Gedächtnis zu behalten, damit sich auch jeder von uns auf seine Art bemühe, zum Wohl der Kirche beizutragen. Denn das ganze Leben, alle seine Bemühungen und Pläne sind vor allem auf folgende zwei Ziele auszurichten: erstens, dass wir Gottes Ehre verherrlichen; zweitens, dass wir für die Kirche Nutzen bringen. Über das erste Ziel sagt Paulus: „Tut alles zur Ehre Gottes!" Über das andere sagt der Psalm: „Betet darum, was Jerusalem zum Frieden dient!" In demselben Vers wird auch die sehr erfreuliche Verheißung hinzugefügt, dass diejenigen, die die Kirche lieben, glücklich und selig sein werden. Diese himmlischen Gebote und diese Verheißungen mögen alle einladen, sich die Lehre der Kirche in rechter Weise anzueignen, die Diener des Evangeliums und seine heilverkündenden Lehrer zu lieben und ihre eigene Hingabe und Mühe für die Verbreitung der wahren Lehre und für die Bewahrung der Einheit der wahren Kirche einzusetzen.

Leser, lebe wohl! Wittenberg am 1. Juni 1546